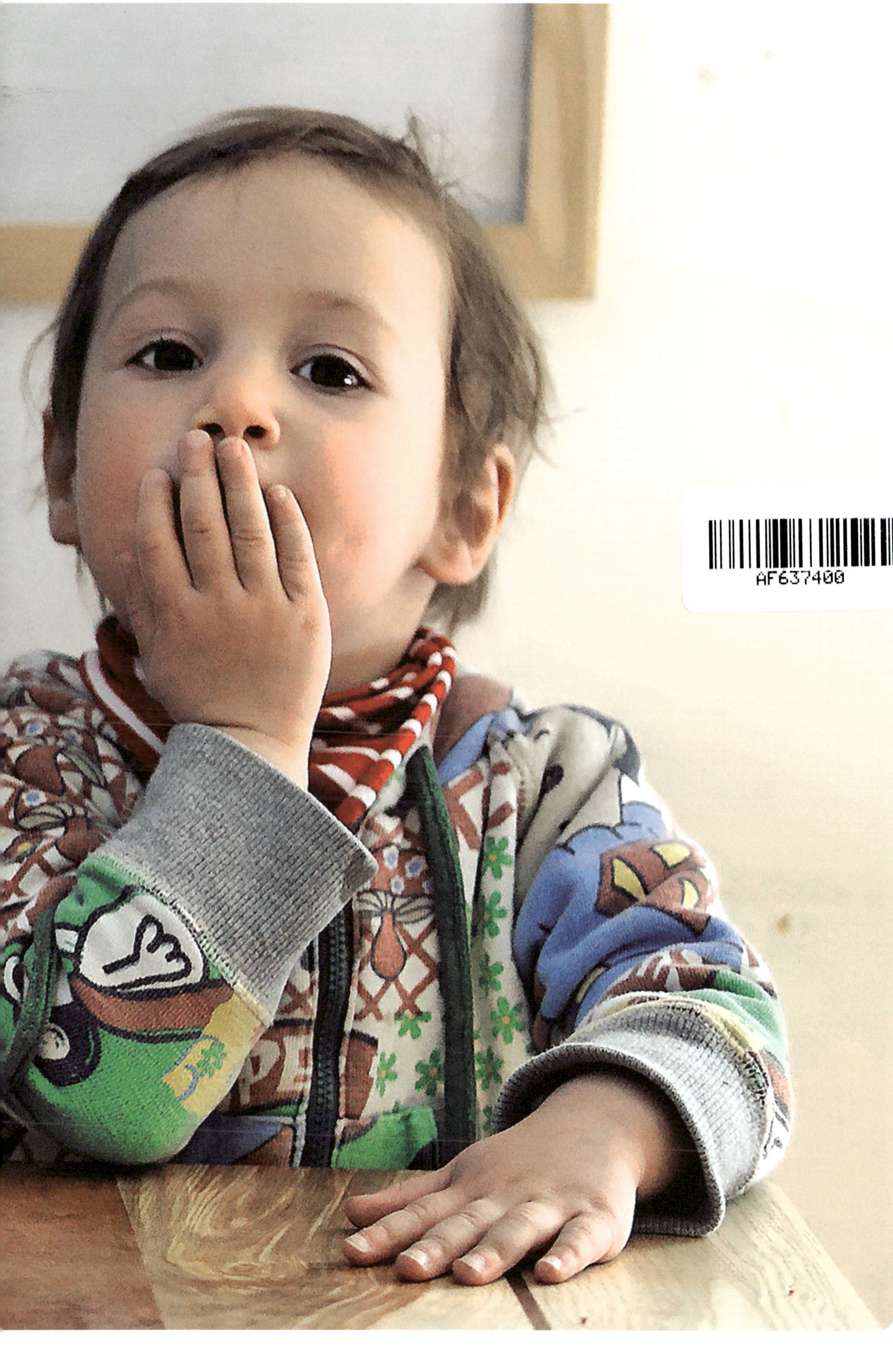

Ministerium für Kinder, Familie, Flüchtlinge
und Integration des Landes Nordrhein-Westfalen
Haroldstraße 4, 40213 Düsseldorf
Postanschrift: 40190 Düsseldorf
Telefon: 0211 837-02
E-Mail: poststelle@mfkjks.nrw.de
www.mfkjks.nrw.de

Ministerium für Schule und Bildung
des Landes Nordrhein-Westfalen
Völklinger Str. 49, 40221 Düsseldorf
Telefon 0211 5867-40
poststelle@msw.nrw.de
www.schulministerium.nrw.de

Coverfoto: © Harald Neumann, Freiburg
Bilderleiste Rückseite li: © MSW;
alle anderen: © Harald Neumann, Freiburg

Fotos im Innenteil:
S. 1, 6–10, 14–25, 18 re., 28–40, 43, 44 u.li. u. o.re.,
46–58, 63–79, 84, 88, 95, 96 mi., 97, 99, 101, 115, 132, 144:
© Harald Neumann, Freiburg;
S. 4, 5 re., 12, 41, 80, 87, 98, 102, 117, 129: © MSW;
S. 5 li., 17, 18 li. u. m., 44 o.li u. u.re., 82, 83, 85, 86, 90, 91,
103–108, 113, 116, 119–126: © MFKJKS
(Das Ministerium dankt den Kindertageseinrichtungen der
Outlaw gemeinnützige Gesellschaft für Kinder- und Jugendhilfe
mbH in Bochum und Duisburg für die Unterstützung beim
Fotografieren);
S. 27: © drubig-photo – Fotolia;
S. 60: © tan4ikk – Fotolia;
S. 93, 96 li. u. re., 110, 111, 114, 118, 131:
© MFKJKS / Barbara Schröer;
S. 133: © MFKJKS / Anne Krüger

2., korrigierte Auflage 2018

Hermann-Herder-Str. 4, 79104 Freiburg im Breisgau

www.herder.de

Bei Fragen zur Produktsicherheit wenden Sie sich an:
produktsicherheit@herder.de

Gesamtgestaltung und Satz: Uwe Stohrer, Freiburg
Herstellung: PNB Print Ltd
Printed in Latvia

ISBN 978-3-451-31100-0

Ministerium für
Schule und Bildung
des Landes Nordrhein-Westfalen

Ministerium für Kinder, Familie,
Flüchtlinge und Integration
des Landes Nordrhein-Westfalen

Bildungsgrundsätze

Mehr Chancen durch Bildung von Anfang an

Grundsätze zur Bildungsförderung
für Kinder von 0 bis 10 Jahren
in Kindertagesbetreuung und Schulen im Primarbereich
in Nordrhein-Westfalen

HERDER
FREIBURG · BASEL · WIEN

Worte vorweg

Liebe Leserinnen und Leser,

Bildung in der frühen Kindheit fördert die Chancengerechtigkeit. Schon in den ersten Lebensjahren werden bei Kindern die Grundlagen für erfolgreiches Lernen und für gute Entwicklungs-, Teilhabe- und Aufstiegschancen gelegt. Die Familie ist und bleibt dabei erster und zugleich einflussreichster Ort für die Entwicklungs- und Bildungsprozesse eines Kindes.

In Nordrhein-Westfalen möchten wir allen Kindern einen guten Start ermöglichen und Perspektiven für einen erfolgreichen Lebensweg eröffnen. Beste Bildungschancen für alle Kinder, unabhängig von ihrer Herkunft, sind daher der Landesregierung ein wichtiges Anliegen. Dies erfordert eine gute Qualität der pädagogischen Arbeit in der Kindestagesbetreuung, insbesondere im Bereich der Sprache. Ziel soll sein, allen Kindern eine Sprachförderung zu bieten, die es ihnen ermöglicht, dem Unterricht in der Grundschule vom ersten Tag an folgen zu können.

Wenn Kinder heute zunehmend bereits in frühen Lebensjahren nicht nur in der Familie, sondern auch in Kindertageseinrichtungen und in der Kindertagespflege betreut werden und anschließend die (Offenen Ganztags-) Grundschulen besuchen, übernehmen die dort tätigen pädagogischen Fach- und Lehrkräfte verantwortungsvolle Aufgaben mit großen Herausforderungen. Der Anspruch unserer Gesellschaft an das, was Kindertageseinrichtungen, Kindertagespflege und Schulen leisten sollen, ist in den vergangenen Jahren kontinuierlich gestiegen.

Tatsächlich ist das pädagogische Personal stark gefordert; seine Aufgaben sind vielfältig. Schließlich gilt es nicht nur, für die Kinder eine anregungsreiche Umgebung zu schaffen, ihnen positive emotionale Erfahrungen zu ermöglichen sowie Interaktionen und Sprachanlässe, sondern auch, die Kinder in ihren Entwicklungs- und Bildungsprozessen zu beobachten, sie zu ermutigen. Mit diesen Bildungsgrundsätzen möchten wir den pädagogischen Fach- und Lehrkräften des Elementar- und Primarbereichs einen Leitfaden an die Hand geben, der sie in ihrer täglichen Arbeit unterstützt. Gleichzeitig bilden sie eine Basis für institutionsübergreifende Kooperationen.

Die Bildungsgrundsätze laden ein, die Welt mit den Augen der Kinder zu sehen. Sie stehen mit ihrer Individualität, ihrer Heterogenität und ihrer Neugierde, die Welt zu entdecken und zu erforschen, im Mittelpunkt. Den Kindern soll die Möglichkeit geboten werden, sich vielseitig und aus eigenem Antrieb in Verhaltensweisen zu üben, die ihre körperliche, intellektuelle und soziale Entwicklung fördern. Diese Lern- und Bildungsprozesse sind immer altersgerecht und spielerisch angelegt. Wenn Kinder erleben dürfen, dass Neugier willkommen ist, wenn sie gelernt haben, die Welt fragend und forschend kennenzulernen, dann haben sie das Handwerkszeug erhalten, aktiv und mutig ihr Leben zu gestalten.

Dr. Joachim Stamp

Yvonne Gebauer

BIG
BIG

Inhalt

Einführung

In den Jahren 2008 und 2010 entstanden nach einem intensiven Diskussionsprozess und unter Einbeziehung von Wissenschaft und Praxis der Kindertageseinrichtungen und der Grundschulen im Primarbereich die „Bildungsgrundsätze – Mehr Chancen durch Bildung von Anfang an – Grundsätze zur Bildungsförderung für Kinder von 0 bis 10 Jahren in Kindertageseinrichtungen und Schulen im Primarbereich in Nordrhein-Westfalen".

Von Anfang an war die Zielsetzung, dass die Bildungsgrundsätze der fachlichen Orientierung für die Arbeit in Kindertageseinrichtungen und Grundschulen im Primarbereich dienen sollten mit einem – bei aller Unterschiedlichkeit der beiden Systeme und der damit einhergehenden unterschiedlichen Strukturen – gemeinsamen Bildungsverständnis, dass das Kind in den Mittelpunkt stellt.

Die Bildungsgrundsätze wurden 2010 als Entwurf veröffentlicht. Mit dem Kindergartenjahr 2010/2011 begann eine Erprobungsphase in der Praxis vor Ort, mit dem Ziel, in der Förderung der Kinder stärker zusammenzuarbeiten, das gemeinsame Bildungsverständnis zu präzisieren und zu überprüfen, ob die Bildungsgrundsätze eine geeignete Grundlage für die Bildungsförderung in Kindertageseinrichtungen und Schulen im Primarbereich darstellen und diese in der Praxis unterstützen.

Dabei sollten Schritte zur Umsetzung entwickelt und Erkenntnisse für die verbindliche Einführung gewonnen werden. Die Erprobung erfolgte in ausgewählten Kindertageseinrichtungen und Schulen im Primarbereich. Sie wurde wissenschaftlich begleitet durch die Hochschule Niederrhein in Mönchengladbach und die Westfälische Wilhelms-Universität in Münster.

Mit dem Abschlussbericht legte die wissenschaftliche Begleitung eine umfassende Dokumentation der ersten Erfahrungen des Handlungsfeldes mit den Bildungsgrundsätzen vor. Im Ergebnis erfuhren die Bildungsrundsätze in der Praxis eine hohe Akzeptanz und eine breite Anerkennung, in einzelnen Themenbereichen wurden aber auch weitere Ausdifferenzierungen gewünscht. Dies betraf unter anderem die Themen „Bildung der Kinder unter drei Jahren", „inklusive Bildung" und die „Erziehung und Bildungspartnerschaft mit Eltern". Auch sollte die Kindertagespflege in die Bildungsgrundsätze einbezogen werden. Aufgrund der gewonnenen Erkenntnisse der wissenschaftlichen Begleitung folgte ein intensiver Überarbeitungsprozess.

Im Januar 2016 wurden die überarbeiteten Bildungsgrundsätze veröffentlicht und den Kindertageseinrichtungen und Schulen im Primarbereich zur Verfügung gestellt. Sie bieten den Fach- und Lehrkräften Grundlagen und Orientierung für ihr pädagogisches Handeln vor Ort. Sie beschreiben wie frühkindliche Bildungsprozesse angemessen, altersorientiert und erfolgversprechend unterstützt und gefördert werden können. Ebenso stellen sie die Aufgaben und Rolle der Erwachsenen in den Bildungsprozessen, Fragen der Gestaltung einer anregungsreichen Umgebung und der Schaffung von vielfältigen Erlebnis- und Erfahrungsmöglichkeiten in unterschiedlichen Bildungsbereichen und weitere pädagogische Grundlagen dar.

In diesem Zusammenhang ist darauf hinzuweisen, dass sich die pädagogische Arbeit der vielen Fach- und Lehrkräfte ständig weiterentwickelt. Wissenschaftliche Forschung und Erfahrungen aus der praktischen Arbeit führen zu neuen Erkenntnissen und bekräftigen andere. Dazu gehört, dass der Bildungsbereich Sprache eine der wichtigsten Schlüsselkompetenzen für die aktive Teilhabe am gesellschaftlichen Leben und den Bildungserfolg unserer Kinder ist. Die Förderung der sprachlichen Entwicklung nimmt im pädagogischen Alltag der Kindertagesbetreuung einen hohen Stellen-

wert ein und ist eine zentrale Bildungsaufgabe von Elementarbereich - und Schulen.

Vor allem eine in den Alltag integrierte Sprachbildung fördert die Entwicklung der Kinder. Grundlage einer gezielten und individuellen Sprachbildung und -förderung im Alltag ist der Einsatz von geeigneten Beobachtungs- und Dokumentationsverfahren. Eine alltagsintegrierte Sprachbildung durchzieht alle Bildungsbereiche und ist somit Aufgabe jeder pädagogischen Fach- und Lehrkraft. Ziel der Landesregierung ist es sicherzustellen, dass die Interaktions- und Anregungsqualität im Kontext der Sprachbildung verbessert wird, damit sichergestellt wird, dass jedes Kind in Nordrhein-Westfalen eine qualitativ gute Förderung seiner Sprachentwicklung erhält. Hierzu gehört auch die Entwicklung unbürokratischer und zeitökonomischer Beobachtungs- und Dokumentationssysteme.

Die Auseinandersetzung mit den Inhalten der Bildungsgrundsätze sowie die Reflexion des pädagogischen Handelns und der eigenen Haltung sind fester Bestandteil der Professionalisierung jeder pädagogischen Fach- und Lehrkraft im Elementar- und Primarbereich.

Zum Kindergartenjahr 2018/2019 wurde der „Bildungskoffer“ mit ergänzenden Materialien für den Elementarbereich entwickelt und den Kindertageseinrichtungen zur Verfügung gestellt. Das in Kindertageseinrichtungen in NRW praxiserprobte Material soll einen Impuls zur weiterführenden Befassung mit den Bildungsgrundsätzen geben sowie zur Reflexion des pädagogischen Handelns anregen. Die Materialien helfen dabei, die Bildungsgrundsätze sichtbar und begreifbar zu machen. Sie ermöglichen den Fachkräften eine praxisnahe und flexible Auseinandersetzung und Vertiefung mit den pädagogischen Grundlagen.

A. Bildung im Blick

Pädagogische Grundlagen und Ziele

Die Grundsätze zur Bildungsförderung für Kinder von 0 bis 10 Jahren in Kindertagesbetreuung und Schulen im Primarbereich in Nordrhein-Westfalen richten sich in erster Linie an die Träger und Fachkräfte der Kindertageseinrichtungen, Kindertagespflege und an die Lehrkräfte und pädagogischen Fachkräfte in den Grundschulen. Die pädagogische Grundeinstellung der Fach- und Lehrkräfte in den Bildungsinstitutionen, ihr Bild vom Kind und die sich daraus ergebenden Haltungen und Handlungen spielen eine wesentliche Rolle für die bestmögliche Entwicklung des Kindes und die Entfaltung seiner Kompetenzen und Potenziale.

Im Blickpunkt steht dabei, wie das Kind in der aktiven Auseinandersetzung mit seiner Umgebung auf der Grundlage seiner bisherigen Lebenserfahrung in seinen (Selbst-)Bildungsprozessen von Erwachsenen begleitet und unterstützt werden kann. Bildungsprozesse entstehen auf der Grundlage von Selbstbildungspotenzialen, die jedes Kind von Geburt an mitbringt, in interaktiven Beziehungen und Situationen. Im sozialen Austausch und in konkreten Lebenssituationen entwickeln und differenzieren sich diese weiter. Somit kommt der Familie[2] als erstem sozialem Kontext eine fundamentale Rolle für die frühkindlichen Lern- und Bildungsprozesse zu.

Bildung im familiären Kontext

Für das Kind ist die Familie der wichtigste Bezugspunkt. Sie bildet die entscheidende Basis für den Verlauf der kindlichen Entwicklung. Dies trifft in ganz besonderer Weise auf die Phase der frühen Kindheit zu, gilt aber – wenn auch in sich verändernder Form – für das gesamte Kindes- und Jugendalter. Die Familie ist der prägende Ort für die Persönlichkeitsentwicklung von Kindern und Jugendlichen. Hier werden die Grundlagen gelegt für moralische Orientierungen sowie sozial-emotionale Fähigkeiten und Fertigkeiten. Im Zusammenleben in der Familie wird nicht nur die (Weiter-)Entwicklung grundlegender Fähigkeiten und Fertigkeiten des Kindes ermöglicht und gefördert, im familiären Kontext finden auch unterschiedliche Bildungsprozesse statt, die die intellektuellen und sozialen Fähigkeiten eines Kindes, seine Bildungsmotivation und Bildungschancen langfristig erheblich beeinflussen können.
Eltern[3] geben ihren Kindern Orientierungshilfen, eröffnen wichtige Entfaltungsmöglichkeiten und treffen bedeutsame Bildungsentscheidungen. So wird über die Familie der Zugang zu anderen (früh-)kindlichen Bildungsangeboten gelenkt. Gleichzeitig wirken Bildungsinstitutionen in die Familie hinein, sodass eine Wechselbeziehung zwischen der Bildungswelt Familie und anderen Bildungsinstitutionen entsteht.

Bildung, Erziehung und Betreuung

Kindertageseinrichtungen und Kindertagespflege sind außerfamiliäre Lebensräume, die die frühkindliche Bildung in der Familie ergänzen und unterstützen. Ziel der Bildungs-, Erziehungs- und Betreuungsarbeit in der Kindertageseinrichtung und in der Kindertagespflege ist, das Kind in der Entwicklung seiner Persönlichkeit individuell, ganzheitlich und ressourcenorientiert herauszufordern und zu fördern. In der Grundschule wird diese Bildungs- und Erziehungsarbeit weitergeführt und um einen fachbezogenen, kompetenzorientierten Blick auf das einzelne Kind erweitert.

Neun von zehn Grundschulen in Nordrhein-Westfalen arbeiten als offene Ganztagsschule (OGS) eng mit einem Träger der Jugendhilfe, mit Musikschulen, Sportvereinen und anderen freien Trägern zusammen. In der Regel übernimmt ein Träger der freien Jugendhilfe die Gesamtverantwortung für die außerunterrichtlichen Angebote der offenen Ganztagsschule. Die Zusammenarbeit von Schule und Jugendhilfe wird in einem Kooperationsvertrag zwischen Kommune, Schule und freiem Träger

[2] Mit „Familie" sind alle Formen des Zusammenlebens von Erwachsenen und Kindern gemeint.

[3] Mit „Eltern" sind die primären Bezugspersonen des Kindes gemeint.

geregelt. Zentrale Grundlage der OGS ist die Zusammenarbeit der Schule mit außerschulischen Trägern. Auf diese Weise entsteht in den Schulen eine multiprofessionelle Kultur der Zusammenarbeit, die in besonderem Maße geeignet ist, Bildung, Erziehung und Betreuung ganzheitlich zu konzipieren und auszugestalten. Besondere Aufmerksamkeit verdienen Bildungs- und Erziehungspartnerschaften zwischen OGS und Eltern sowie die Beteiligung der Kinder an der Ausgestaltung der Angebote. Um seine Selbstbildungspotenziale bestmöglich einsetzen und weiterentwickeln zu können, benötigt das Kind feinfühlig wahrnehmende Bezugspersonen, die seine Entwicklungspotenziale erkennen und angemessene Entwicklungsräume bereitstellen. Das Kind braucht eine ansprechende und anregende Umgebung, die es herausfordert, Schritt für Schritt die eigenen Kompetenzen zu erweitern. Der Begriff der Bildung umfasst dabei nicht nur die Aneignung von Wissen und Fertigkeiten. Es geht in gleichem Maße darum, das Kind in allen seinen möglichen Entwicklungsbereichen – dazu gehören der sensorische, motorische, emotionale, soziale, ästhetische, kreative, kognitive, sprachliche und mathematische Entwicklungsbereich – zu begleiten, zu fördern und herauszufordern.

Gesellschaftliche Teilhabe ist das Leitziel einer Bildung von Anfang an. Sie zielt auf die Schaffung von ungehinderten Zugängen zu gesellschaftlichen Ressourcen und die Eröffnung und Entwicklung von gleichen Chancen für alle. Ausgangspunkt sind immer die Stärken und die individuellen Ressourcen eines Kindes.

Kinder auf künftige Lebenssituationen in unserer demokratischen Gesellschaft vorzubereiten heißt auch, dass sie gut über ihre Rechte informiert werden, ihnen die Teilhabe an Entscheidungsprozessen (Partizipation) ermöglicht wird, sie die Wertschätzung, Achtung und den Umgang mit Vielfalt (Inklusion) erleben und ein Bewusstsein für nachhaltiges Handeln sowie für ein gesundheitsbewusstes Leben entwickeln können.
Diese Themenbereiche bedingen sich untereinander, ziehen sich als Querschnitt durch alle Bildungsbereiche und erfordern von den Fach- und Lehrkräften eine an diesen Leitprinzipien orientierte Haltung und Handlungsweise.

Teilhabe an Entscheidungsprozessen

Fach- und Lehrkräfte respektieren das Kind als eigenständigen Träger von Schutz-, Förder- und Beteiligungsrechten. Es ist ihre Aufgabe – in Ergänzung zu den Eltern – dafür zu sorgen, dass Kinder ihre Rechte altersangemessen kennenlernen und auch zu ihrem Recht kommen können. Sie müssen Kindern die Möglichkeit einräumen, frühzeitig ihre eigenen Rechte und Interessen wahrzunehmen und zu vertreten, sich ihrem Alter, ihrem Entwicklungsstand und ihren Bedürfnissen entsprechend aktiv in ihren unmittelbaren Lebensbereich einzubringen, mit anderen Kindern und Erwachsenen in Kommunikationsprozesse zu treten und so gemeinsame Lösungen für Probleme zu finden.

Gesellschaftliche Teilhabe als Leitziel

Hierfür brauchen Kinder Freiräume zum selbstständigen Gestalten, vielfältige Gelegenheiten, ihre Interessen, Sichtweisen und Bedürfnisse auszudrücken und einzubringen, aber auch Anregung, Ermutigung und Begleitung durch Erwachsene, die sie in ihren individuellen Wünschen und Vorstellungen ernst nehmen und sie alters- und entwicklungsgerecht an Entscheidungsprozessen beteiligen. Den eigenen Alltag aktiv mitzugestalten und bei die eigene Person betreffenden Angelegenheiten beteiligt zu werden, sind Grundelemente gesellschaftlicher Teilhabe.
Partizipation ist daher in Kindertageseinrichtungen, Kindertagespflege, Ganztagsangeboten und Schulen zugleich Bildungs- und Erziehungsziel, zentrales Leitmotiv und Handlungsprinzip bei der Gestaltung von Bildungsprozessen. Kindern die Teilhabe an Entscheidungs-

prozessen zu gewährleisten, stellt eine Herausforderung für die Fach- und Lehrkräfte dar.

Im Elementar- und im Primarbereich sollen Grundwerte des gesellschaftlichen Zusammenlebens in einer von Vielfalt geprägten Welt für Kinder erfahrbar werden. Dazu gehören Menschenwürde, Toleranz, Chancengleichheit und Solidarität – Grundwerte, die für unsere Gesellschaft wesentlich sind. Das gilt besonders für das Miteinander von Mädchen und Jungen unterschiedlicher sozialer, ethnischer oder kultureller Herkunft und das Zusammenleben von Kindern mit und ohne Behinderung. Durch dieses Bewusstsein und die positive Haltung bezüglich Vielfalt sowie die individuelle Förderung aller Kinder leisten die Fach- und Lehrkräfte einen Beitrag zu inklusionsorientierter Bildung in Kindertageseinrichtungen, Kindertagespflege, Ganztagsangeboten und Schulen. Auf der Grundlage von wechselseitiger Anerkennung und Wertschätzung wachsen Kinder so in einer Gemeinschaft auf, in der Chancengleichheit, Teilhabe, Respekt für Vielfalt und Nachhaltigkeit als inklusive Werte verankert sind.

Bildung für nachhaltige Entwicklung – Gestaltungskompetenz entwickeln

Mit dem Leitgedanken „Nachhaltige Entwicklung" ist die Aufgabe beschrieben, die Zukunft so mitzugestalten, dass unser heutiges Handeln die Möglichkeiten künftiger Generationen nicht beeinträchtigt. In diesem Sinne gilt es abzuschätzen, inwieweit sich das eigenverantwortliche Handeln auf die natürlichen Lebensgrundlagen und die soziale Gerechtigkeit zwischen den Menschen heute und in Zukunft auswirken kann. Nachhaltigkeit bedeutet nicht nur einen achtsamen Umgang mit der Natur und der Umwelt, sondern ist als ein Grundprinzip globalen Lernens zu verstehen, das viele soziale, ökologische, kulturelle und interkulturelle sowie ethische Fragestellungen berührt.

Eine zentrale Herausforderung für pädagogisches Handeln in diesem Kontext ist die Erkenntnis, dass mein Handeln Konsequenzen hat – nicht nur für mich selbst, sondern auch für meine Umwelt, mein direktes soziales Umfeld und für die Menschen in anderen Ländern und Erdteilen. Diese Erkenntnis können bereits auch Kinder in der Kindertagesbetreuung und der Grundschule gewinnen sowie Möglichkeiten für nachhaltiges Handeln entdecken und im eigenen Umfeld umsetzen. Für Fach- und Lehrkräfte bedeutet dies nicht, für die Gestaltung von Bildungsprozessen zusätzliche Themenschwerpunkte zu setzen, sondern eine erweiterte Perspektive einzunehmen, unter der Themenfelder und Fragen des gegenwärtigen und künftigen Zusammenlebens in dieser Welt behandelt werden.

Gesundheitsförderung und Prävention sind ebenso integrale Bestandteile von Bildung, Erziehung und Betreuung in Kindertageseinrichtungen, Kindertagespflege, Ganztagsangeboten und Schulen. Sie haben zum Ziel, die Gesundheit der Kinder zu erhalten, zu stärken und Erkrankungen vorzubeugen. Ernährung, Bewegung und Entspannung, Hygiene sowie Körper- und Zahnpflege sind klassische Bereiche der Gesundheitserziehung. Gesundheitsförderung zielt jedoch ganzheitlich auf Lebenskompetenz und körperliches, emotionales und soziales Wohlbefinden. Die Stärkung des Selbstbewusstseins, der sozialen und emotionalen Kompetenzen, der Eigenverantwortlichkeit, der Konflikt- und Kommunikationsfähigkeit und die Unterstützung von sicheren Bindungen sind Bestandteil einer psychophysischen Gesundheitsförderung. Gesundheitsförderung und Prävention sind somit als umfassende pädagogische Aufgaben zu verstehen, die in gemeinsamer Verantwortung und Zusammenarbeit von Familien, Kindertageseinrichtungen, Kindertagespflege, Schulen und aller am Bildungs- und Entwicklungsprozess Beteiligten liegen.

Fach- und Lehrkräfte können einen Beitrag für die Gesundheit der ihnen anvertrauten Kinder leisten. Denn gesundheitsbewusstes, achtsames Personal kann vorleben und somit überzeugend vermitteln, wie man seine individuellen Möglichkeiten zum Schutz und zur Förderung der eigenen Gesundheit ausschöpfen und entwickeln kann.

Gesundheit

Gesundheitsförderung und Prävention umfassen jedoch noch weitere Dimensionen. Es geht auch um die Stärkung personaler Ressourcen der Fach- und Lehrkräfte und des sonstigen Personals, um die Stärkung systemischer, schützend wirkender Faktoren der Organisation und der Umwelt der Bildungseinrichtung, um die Verhütung und Verringerung von Gefährdungen und gesundheitlichen Risiken sowie um die Vermeidung von Krankheiten und Unfällen.

Das Kind steht im Mittelpunkt

Das Kind ist Akteur seiner Entwicklung

Unser „Bild vom Kind" – was wir denken, wie Kinder sind und was sie für ihre Entwicklung brauchen – beeinflusst wesentlich unser pädagogisches Denken und Handeln. Die Kindheitsforschung der letzten zwei Jahrzehnte hat nachgewiesen, dass Kinder bereits von den ersten Lebensmonaten an aktiv an den Vorgängen in ihrer Um- und Mitwelt teilnehmen und ihre Entwicklung und ihr Lernen mitgestalten. Im Laufe ihrer weiteren Entwicklung haben sie das Bedürfnis, sich als handlungskompetent zu erleben, erproben im Umgang mit anderen Menschen soziales Miteinander, entdecken die Natur, erforschen ihre Umgebung, fragen nach dem Sinn des Lebens und vieles mehr.

So setzen sie sich mit der Komplexität der Welt auseinander. Sie entdecken und lernen aktiv und können so neue Erfahrungen auf der Grundlage bisheriger Erlebnisse einordnen und deuten. Auf diese Weise kommen sie zu eigenen Einsichten, entwickeln eigene Konzepte des Verstehens und konstruieren Sinn.

Diese Aktivitäten sind Grundlagen für die Entwicklung und Bildung eines Menschen, sie sind im Sinne Humboldts als „Aneignung von Welt" zu verstehen.

Ausgehend von diesem Verständnis bildet Vertrauen in die persönlichen Ressourcen und die Entwicklungsfähigkeit eines Kindes die Grundlage einer von Achtsamkeit und Respekt geprägten Haltung pädagogischer Fach- und Lehrkräfte – das Kind steht im Mittelpunkt. Seine vielfältigen Fähigkeiten, seine Einmaligkeit, seine individuellen Lern- und Entwicklungsbedürfnisse sind Ausgangspunkt des pädagogischen Handelns und Mittelpunkt der professionellen Gestaltung kindlicher Lern- und Entwicklungsprozesse.

Das Kind ist aus sich selbst heraus bestrebt, die Welt zu verstehen und Handlungskompetenz zu erwerben. Es agiert mit Neugierde, Lernfreude und Spontaneität. Das Kind wählt aus, was für seine momentane Lebenssituation von Bedeutung ist und welcher Zeitpunkt und welche Zeitspanne angemessen sind, um sich die Welt spielerisch und lernend zu erarbeiten.

Das „Aneignen von Welt" ist eine Aktivität der Kinder, die niemand für sie übernehmen kann. Aus eigenem Antrieb heraus will das Kind die Dinge, die es umgibt, verstehen und Neues dazulernen. In keiner anderen Phase des Lebens lernt der Mensch so schnell und ausdauernd und gleichzeitig so mühelos, wie in den ersten Lebensjahren.

Das aktive, kreative Kind

Kinder sind von Natur aus Entdecker, Erfinder und Forscher, die sich aktiv und kreativ mit ihrer Umwelt auseinandersetzen. Schon von Geburt an beobachten und analysieren sie sehr genau. Ihre Erkenntnisse und Schlussfolgerungen sind die Grundlage für ihr Verständnis von ihrer Umwelt und von sich selbst. Neugierig und engagiert verfolgen sie ihre Interessen und entwickeln dabei immer komplexere und wirkungsvollere kognitive Strategien und Kompetenzen. Kinder können und wollen Verantwortung für das eigene Lernen übernehmen (Selbstbildung).

Das Verständnis von Bildung

Das Bewusstsein für die angeborene Neugierde und Erkundungsbereitschaft sowie das Wissen über die Stärken und Bedürfnisse des Kindes sind wichtige Ausgangspunkte für die Begleitung und Förderung gelingender und ganzheitlich angelegter frühkindlicher Bildungsprozesse. Respekt und Empathie gegenüber den Erfahrungen des Kindes und die Bereitschaft, die Ideen des Kindes sowie seine Art der Wahrnehmung und Verarbeitung der Wirklichkeit ernst zu nehmen, sind unverzichtbar.

Selbstbildung und Begleitung von Bildungsprozessen

Kinder möchten sich ein Bild von der Welt machen. Niemand sonst kann dies für sie tun. So betrachtet ist Bildung Selbstbildung. Selbstbildung ist dabei als individueller Prozess zu verstehen, der personale, räumliche und sächliche Einflussfaktoren mit einbezieht. Kinder lernen und bilden sich über das, was sie mit ihren eigenen Sinnen wahrnehmen und im sozialen Bezug erfahren. Hierdurch erschließen sie sich ihre Umwelt, konstruieren ihre Bilder von der Welt und geben ihnen eine subjektive Bedeutung. Dieser individuelle Verarbeitungsprozess knüpft an bereits vorhandene Erfahrungen und Vorstellungen an und entwickelt diese weiter. Kinder bilden sich nicht, indem sie fertiges Wissen und Können lediglich von anderen übernehmen, sondern erst dann, wenn sie sich selbst damit auseinandersetzen. (Im Sinne von: Ich kann nicht gebildet werden, bilden kann ich mich nur selbst.) Sie bilden sich in der Begegnung und in der Auseinandersetzung mit anderen Menschen und unterschiedlichen Situationen.

Bildung ist damit ein Prozess, der im Kontext zum Kind und seiner Umwelt steht. Die individuellen Entwicklungsvoraussetzungen des Kindes stehen dabei immer im Zentrum dieses Prozesses. Das Wissen über die Stärken, Interessen und Bedürfnisse eines Kindes sowie seine Perspektive sind Ausgangspunkt für gelingende

Das kompetente Kind
Kinder gestalten ihre Bildungsprozesse eigenständig und hochmotiviert vor dem Hintergrund ihrer Ressourcen, Kompetenzen und Stärken. In der Auseinandersetzung mit der Umwelt suchen sie nach Sinn und Bedeutung. Über Wahrnehmen, Empfinden und Handeln machen Kinder Erfahrungen, die die Grundlage für ihre höchst individuellen Bildungsprozesse sind. Auf der Suche nach Zusammenhängen und Erklärungsmustern und mit der Überprüfung von Erwartungen modifiziert sich kontinuierlich das kindliche Selbst- und Weltbild.

Bildungsprozesse. Sie sind ganzheitlich angelegt – und viele wirken daran mit: Eltern, Fach- und Lehrkräfte, weitere Bezugspersonen, andere Kinder und Erwachsene. Sie alle unterstützen das Kind dabei, die Welt zu verstehen. Sie bieten dem Kind Erfahrungsraum, gestalten Umwelten, stellen Herausforderungen, sichern die Bedingungen und haben eine wichtige Vorbildfunktion.

In Bildungsprozessen müssen Kinder ausreichend Zeit erhalten, um ihren eigenen Rhythmus und ihre eigenen Lernwege zu finden: Bildungsprozesse sind also höchst individuell. Mit zunehmendem Alter der Kinder erhält zielgerichtete pädagogische Unterstützung stärkeres Gewicht, ohne dass das Grundprinzip – das aktive Kind – dabei an Bedeutung verliert.

Auf Vertrauen und emotionale Sicherheit kommt es an
Um angemessene Bewältigungsstrategien in schwierigen Lebenssituationen entwickeln zu können (Resilienz), benötigt das Kind vor allem unterstützend handelnde Bezugspersonen. Kontinuierliche, wertschätzende Beziehungen im Kindesalter, die Erfahrung von Autonomie und Sicherheit, Trost und Selbstwirksamkeit ermöglichen dem Kind, später selbst verlässliche und emotional offene Beziehungen einzugehen, und wirken sich positiv auf den gesamten Bildungs- und Entwicklungsprozess des Kindes aus.

Das selbstständige, starke Kind
Kinder brauchen ein Bildungsumfeld, das ihren Autonomiebestrebungen Raum gibt, ihnen andererseits aber auch genügend Sicherheit, Schutz und Unterstützung bietet. Kinder, die auf sich selbst und ihre Fähigkeiten und Fertigkeiten, ihre Familien und (neue) Bezugspersonen in Kindertageseinrichtungen, Kindertagespflege und Schule vertrauen können, erhalten die Voraussetzungen, wichtige Ressourcen bilden zu können, um auch schwierige Lebensbedingungen und Belastungen erfolgreich zu bewältigen.

Bildung als sozialer Prozess

Kinder werden in eine Gemeinschaft hineingeboren, die von gesellschaftlichen Bedingungen und Regeln des Zusammenlebens gekennzeichnet ist. Um in eine bereits sozial und kulturell geprägte Umwelt hineinzuwachsen, bedarf es der einfühlsamen Begleitung. Im Austausch mit Erwachsenen und anderen Kindern entwickelt und überprüft das Kind seine individuellen Konzepte und Deutungen, erweitert seine Erfahrungen und sein Wissen. Dabei nimmt es sich zunehmend als eigene Person wahr, artikuliert eigene Interessen und Bedürfnisse und entwickelt seine eigene Identität.

Das soziale Kind

Kinder sind soziale Wesen, die mit anderen Menschen in Kontakt treten, Beziehungen suchen und benötigen. Sie haben grundlegende Bedürfnisse nach emotionaler Sicherheit, Zuwendung und Wertschätzung. Tief gehende Bindungsbeziehungen sind die Basis für das eigene, aktive Welterkunden. In der Wechselseitigkeit mit den Bezugspersonen und anderen Kindern erhält das Kind Rückmeldung über sich, es integriert diese Erfahrungen in die Entwicklung seines Selbstbildes und in die Gestaltung der eigenen Identität.

Je älter ein Kind wird, umso vielfältigere Erfahrungen macht es im sozialen und kulturellen Kontext. Erfahrungen in der Familie werden durch die Außenwelt ergänzt. Hierbei haben der Kontakt und die Beziehung zu Gleichaltrigen eine eigene Qualität. Lernen vollzieht sich in sozialen Prozessen.

Kinder beobachten andere Kinder, sie hören und lernen von ihnen; sie tragen ihr Wissen zusammen und lernen nicht zuletzt auch dadurch, dass sie ihr Wissen an andere Kinder weitergeben. Wenn der stärkste Motor für ein Kind, sich mit neuen und auch mit schwierigen Dingen auseinanderzusetzen, es selbst ist, dann stellt den zweitstärksten Beweggrund das Verhalten anderer Kinder dar: entweder Kinder, die etwas „schon" können, oder Kinder, die bereit sind, gemeinsam etwas zu tun oder herauszufinden.

Das „sich selbst bildende Kind" kann sich vielfach auch in einer sich gemeinsam bildenden Kindergruppe manifestieren, in der jedes Kind zur gemeinsamen Aktivität und zum Gruppenergebnis seinen Beitrag leistet. Angeregt durch die Gruppendynamik können sich ein Anspruchsniveau, eine Zielstrebigkeit und Ausdauer entwickeln, die ein Kind alleine vielleicht nicht aufbringen kann. Die Kinder bestärken sich gegenseitig und spornen sich an. Die Gruppe hilft nachhaltig, denn was ein Kind heute gemeinsam mit anderen kann, wird es morgen bestimmt alleine können.

Das konstruierende Kind

Kinder beginnen von Geburt an mit der Konstruktion ihrer persönlichen, subjektiven Welt. Sie ist kein Abbild der vorhandenen Welt, sondern ihre jeweils eigene Neuschöpfung. In der Auseinandersetzung mit ihrer Umwelt, mit Wissensbeständen, Einstellungen, Werten und Normen und im Dialog mit ihren erwachsenen Bezugspersonen sowie mit anderen Kindern konstruieren Kinder ihr Weltwissen. Diesen Interaktionsprozessen liegt das gemeinsame Bemühen zugrunde, einander und die Welt zu verstehen und ihre subjektiven Weltdeutungen zu objektivieren.

Auch die unterschiedlichen Gelegenheiten, in denen Kontakte zu anderen Kindern stattfinden (z.B. in der Krabbelgruppe, Kindertageseinrichtung, Kindertagespflege, Schule, im Ganztagsangebot, in der Kirchengemeinde, im Verein), erweitern die Erfahrung des Kindes und beeinflussen seine Aneignungsprozesse. Die in diesem Rahmen erworbenen Interaktionsfähigkeiten haben Einfluss auf spätere Beziehungsmuster und die Bewältigung von Entwicklungsaufgaben.

Kinder kommen aus verschiedenen soziokulturellen Umfeldern und bringen unterschiedliche Erfahrungen und Lernvoraussetzungen mit. Diese sind Ausgangspunkt für die Entwicklungsbegleitung des Kindes. Vielfältige Angebote sowie individuelle und gezielte Unterstützung können Entwicklungsimpulse geben. Die individuelle Betrachtung und Förderung eines Kindes ist Grundlage pädagogischen Handelns. Das ist in zweierlei Hinsicht bedeutsam: Es geht sowohl darum, individuelle Wege und Tempi zuzulassen, als auch einen gezielten Beitrag zur individuellen Förderung zu ermöglichen.

Durch die unterschiedlichen Hintergründe, Erfahrungen, Begabungen etc. der Kinder ergeben sich im alltäglichen Miteinander vielfältige Lerngelegenheiten. Diese bilden auch die Grundlage für kommunikative und soziale Lernformen in der Grundschule, in deren Verlauf Kinder zunehmend selbstständig gemeinsam Lernwege und -ergebnisse planen, durchführen und dokumentieren.

Die Bedeutung des Spiels für frühkindliche Bildungsprozesse im Elementarbereich

Die ureigene Ausdrucksform und das zentrale Mittel eines Kindes, sich seine Welt anzueignen, ist das Spiel. Von Anfang an setzt sich das Kind über das Spiel mit sich und seiner Umwelt auseinander; hierüber kann es seine Wahrnehmungen verarbeiten und neu strukturieren. Spiel als bildender Prozess baut auf den sinnlichen, körperlichen, emotionalen, sozialen, kognitiven, ästhetischen und biografischen Erfahrungen auf, die das Kind gemacht hat. Es nutzt das Spiel, um seine Potenziale zu differenzieren, sie in neuen Situationen auszuprobieren, Erkenntnisse aus Erfahrungen neu zu ordnen bzw. zu erweitern und ihnen neuen Sinn zu geben.

Das Spiel ist eine selbstbestimmte Tätigkeit des Kindes, in der es seine Lebenswirklichkeit konstruiert und rekonstruiert. Das Spiel dient dem Kind zur Vermittlung zwischen der Welt (Außen) und dem eigenen Ich (Innen). Im Spiel kann das Kind seine aktuellen Erfahrungen mithilfe der Fantasie so „umdeuten“, dass sie zu seinen bisherigen Erfahrungen anschlussfähig sind. Es behandelt die Wirklichkeit seinen Vorstellungen entsprechend; das Kind handelt und verhält sich, als ob das Spiel die Wirklichkeit sei: „So tun als ob.“

Das einzigartige Kind

Jedes Kind ist einzigartig. Es unterscheidet sich von Geburt an von allen anderen durch besondere Merkmale. Ungeachtet seines Geschlechts, seiner Herkunft, Kultur, Lebenswirklichkeit, seines Alters, seiner Bedürfnisse, seines Entwicklungsstandes sowie seines Entwicklungstempos hat jedes Kind das Recht, in seiner Individualität ernst genommen und wertgeschätzt zu werden. Gerade diese individuellen Unterschiede bieten Kindern wie Erwachsenen eine Chance, voneinander und miteinander zu lernen, sich gegenseitig zu bereichern und ihre Weltsicht zu erweitern.

Das Kind gestaltet spielend soziale Beziehungen und schafft sich die passenden Bedingungen. Es verbindet immer einen Sinn mit dem Spiel und seinen Inhalten. Das Kind gebraucht seine Fantasie, um die Welt im Spiel seinen eigenen Vorstellungen entsprechend umzugestalten. Nur die Handlung, in der die Spielabsichten und Ziele des Kindes verwirklicht werden, ist wesentlich – und nicht das Ergebnis.
Das Spiel stellt in besonders ausgeprägter Weise ein selbstbestimmtes Lernen mit allen Sinnen dar, mit starker emotionaler Beteiligung, mit geistigem und körperlichem Krafteinsatz. Es ist ein ganzheitliches Lernen, weil es die Entfaltung der Persönlichkeit des Kindes und seinen gesamten Entwicklungs- und Lernprozess fordert und fördert. Spielen und Lernen sind deshalb keine Gegensätze, sondern sind in vielerlei Hinsicht eins und gehören untrennbar zusammen.

Im Spiel lernt das Kind aus eigenem Antrieb heraus und mit Spaß, über Versuch und Irrtum, aber ohne Versagensängste. Im Spiel stellt es sich seine Fragen selbst und erfindet dazu eigene Antworten. Das Spiel ist für das Kind eine Möglichkeit, sich mit anderen Personen auseinanderzusetzen, ihnen näherzukommen, ihre Eigenheiten, Stärken und Schwächen zu entdecken und zu respektieren – und damit wird es zugleich sich selbst vertrauter. Das Kind gewinnt an Selbstvertrauen.
In einem abwechslungsreichen Spielumfeld werden unzählige synaptische Verbindungen im kindlichen Gehirn aufgebaut und laufend benutzt. Diese neuronalen Netzwerke unterstützen das Kind auch in der Zukunft dabei, ein immer umfassenderes Weltverständnis zu erwerben. Vor allem das freie Spiel ist eine ideale Quelle für die Lernmotivation, die sozial-kommunikativen Kompetenzen und ein offenes experimentierfreudiges Denken.
Bildungsprozesse, die dem Spiel zugrunde liegen, gehen immer von der Eigenaktivität des Kindes aus (nicht damit gemeint sind von Erwachsenen angebotene Formen des Spiels zur Vermittlung von Inhalten, „spielerisches Fördern oder Lernen"). Je nach besonderer Bedeutung für seine aktuellen Bildungsprozesse und sein Alter variiert das Kind sein selbstinitiiertes Spiel in verschiedenen Spielformen, zum Beispiel:

- Sinneserfahrungsspiele
- Reaktionsspiele
- Gruppenspiele
- Material- und Experimentierspiele
- Beobachtungsspiele
- Rollenspiele
- Bewegungsspiele
- Musikspiele
- Konstruktionsspiele
- Sprachspiele
- Entspannungsspiele

„Allen Spielformen gemeinsam ist, dass sie dem Kind die Möglichkeit zum spielerischen Erwerb von Fähigkeiten geben, die sie für das Leben in der Gemeinschaft benötigen" (Blank-Mathieu o.J.).

Spielen ist als eigenständige und schöpferische Leistung des Kindes zu begreifen. Das Spiel ist die wichtigste Form des selbstbestimmten, lustbetonten Lernens in der elementaren Bildung.

Bildungsräume sind Lebensräume – Raum, Material und Tagesstruktur

Um die frühkindliche Entwicklung der Kinder ganzheitlich zu unterstützen, benötigen sie eine anregungsreiche Umgebung. Hierbei sind Räume Ausgangspunkte für kindliches Entdecken und Forschen. Eine ansprechende, möglichst barrierefreie Raumgestaltung im Innen- und Außenbereich regt die Sinne und damit die Wahrnehmung des Kindes an, bietet eine Atmosphäre des Wohlfühlens und fördert die Experimentierfreude, die Eigenaktivität, die Kommunikation sowie das ästhetische Empfinden von Kindern. Die Raumgestaltung muss den Bewegungsdrang von Kindern berücksichtigen,

aber auch Möglichkeiten zu Ruhe und Entspannung bieten.
Raumkonzeptionen müssen pädagogisch durchdacht sein – „der Raum als dritter Erzieher" – und den Interessen und Bedürfnissen des Kindes entsprechen. Am ehesten fühlen sich Kinder in Räumen wohl, die sie mitgestalten können und die für sie Spiel-, Lern- und Lebensräume sind.

Eine strukturelle Rhythmisierung des Tagesablaufs mit festen Ritualen, Regeln und Signalen gibt dem Kind Orientierung und Sicherheit. Darüber hinaus ist es notwendig, flexibel auf die Bedürfnisse einzelner Kinder und der Gruppe einzugehen. Im Elementarbereich sollte das Kind neben Angeboten und Projekten die Möglichkeit haben, sein Spiel und seine Spielformen selbst zu gestalten, über seinen Spielort, sein Spielthema und den Spielinhalt sowie Spielmaterialien selbst zu entscheiden, seine Spielpartner selbst zu wählen und dabei ausreichend Zeit für „Freies Spiel" zur Verfügung haben. Im Sinne des partizipativen Gedankens sollte das Kind daher bestimmte Zeitstrukturen mitgestalten können.

In der Grundschule wird die Schulwoche bzw. der Schultag auch durch den fachbezogenen Wechsel der Unterrichtsinhalte (Fächer) strukturiert. Für den Unterricht gelten die Stundentafel sowie die Unterrichtsvorgaben des Ministeriums. Dabei gibt die Stundentafel die Anzahl der Wochenstunden vor, die für die Fächergruppen und einzelne Fächer vorgesehen sind. Diese zeitliche Aufteilung berücksichtigt die verbindlich festgelegten Aufgabenschwerpunkte der kompetenzorientierten Lehrpläne sowie die

Lernmöglichkeiten der Schülerinnen und Schüler. Innerhalb dieser für das ganze Schuljahr geltenden Leitlinie haben die Lehrkräfte Gestaltungsspielräume, um auf aktuelle Anlässe und Bedürfnisse der Lerngruppe einzugehen. Darüber hinaus ist der Unterricht fächerübergreifend auszurichten. Neben der Strukturierung des Tages und der Woche kommt in der Schule der Rhythmisierung des Unterrichts eine besondere Bedeutung zu. Attraktive, variable und herausfordernde Lernangebote, unterschiedliche Sozialformen, offene und gebundene Unterrichtsettings sowie das Herstellen einer Balance zwischen Anstrengung und Entspannung berücksichtigen altersspezifische Interessen sowie individuelle lern- und entwicklungsbedingte Bedürfnisse.
Eine weitere Form der Rhythmisierung findet in der offenen Ganztagsschule (OGS) im Primarbereich statt: Mit der Zielsetzung der Verbesserung der Bildungsqualität und der besseren Vereinbarkeit von Familie und Beruf ergänzen die Angebote der OGS in Kooperation mit Partnern aus Kinder- und Jugendhilfe, Kultur und Sport das vormittägliche Unterrichtsangebot.

Bildung, Erziehung und Betreuung in den ersten Lebensjahren

Bindung als Voraussetzung für Bildung

Die Entwicklung des Kindes wird maßgeblich durch Beziehungserfahrungen bestimmt; deshalb ist den Beziehungs- und Bindungsaspekten in den ersten Lebensjahren besondere Aufmerksamkeit zu schenken. Bindung und Bildung sind untrennbar miteinander verbunden. Die ersten Bindungserfahrungen macht das Kind im Zusammenleben in der Familie; hier tritt es in Interaktion mit seiner Bezugs-/Bindungsperson und baut eine vertrauensvolle sichere Beziehung auf.

Die Interaktion ist Grundvoraussetzung dafür, dass das Kind eine eigene Ich-Identität bzw. ein Gefühl für sich selbst entwickeln kann. Durch die positive Präsenz der Bindungsperson wird das Kind ermutigt und unterstützt, Neues auszuprobieren, an seine Grenzen zu gehen und Erkundungen in seiner Umwelt auszudehnen. Die Bindungsperson bietet Trost und Schutz sowie Hilfe bei Frustration, Angst, Verunsicherung und Misserfolg. Sichere Bindungen sind für das Kind lebenswichtig und haben langfristige Auswirkungen, vor allem auch auf die Resilienzentwicklung. Hat das Kind eine vertrauensvolle Bindung zu einer erwachsenen Person aufgebaut, bietet ihm diese Bindung die Sicherheit, von der aus es die weitere Umwelt erkundet und neue Beziehungen eingehen kann.
Stabile Beziehungen außerhalb der Familie – insbesondere zu pädagogischen Fachkräften in der Kindertageseinrichtung bzw. zu Tagespflegepersonen –, die das Kind erlebt, sind weitere wertvolle Beziehungserfahrungen. Dies gilt für Kinder aller Altersstufen, ist jedoch in den ersten Lebensjahren als Grundvoraussetzung für die Initiierung gelingender Bildungsprozesse von besonderer Bedeutung.

Die Kleinsten von Anfang an dabei

Bildungsprozesse von Säuglingen und Kleinkindern unterscheiden sich nicht grundlegend von Bildungsprozessen älterer Kinder.
Kindliche (Selbst-)Bildungs- und Entwicklungsprozesse verlaufen höchst individuell. Jedes Kind erschließt sich seine Umwelt entlang der eigenen Kompetenzen, Stärken und Erfahrungen. Die Bedürfnisse des einzelnen Kindes lassen sich daher nicht allein am Lebensalter, sondern vielmehr am Erfahrungshintergrund und an individuellen Bildungsinteressen fest-

Flamingo
Resort
MIAMI BEACH

Die Bedürfnisse der Kleinsten berücksichtigen

machen. Bildungsprozesse können somit in einzelnen Bereichen weiter vorangeschritten sein als in anderen. Die Welt der Kinder unter drei und der Kinder über drei Jahren ist nur scheinbar getrennt. Jedoch handelt es sich bei der Bildung, Erziehung und Betreuung der Jüngsten zugleich um besonders sensible und bedeutsame Prozesse, weil in den ersten Lebensjahren die Weichen für die künftige Entwicklung gestellt werden.

Fachkräfte in Kindertageseinrichtungen und Kindertagespflege brauchen aus diesem Grund spezifisches Wissen über das Bindungsverhalten und die Entwicklung des Kindes in den ersten Lebensjahren. Feinfühliges Verhalten gegenüber dem Kind fördert die Befriedigung seiner psychischen Grundbedürfnisse nach Bindung, Kompetenz und Autonomie. Die besondere Schutzbedürftigkeit, Besonderheiten der Beziehungs- und Interaktionsgestaltung und Stressbewältigung, der Spracherwerb sowie typische Lernstrategien der Jüngsten müssen im pädagogischen Handeln berücksichtigt und in alltäglichen Bildungssituationen konkretisiert werden.

Aufbau einer sicheren und stabilen Bindung

Je jünger ein Kind ist, umso bedeutsamer ist die emotionale Sicherheit als Voraussetzung dafür, dass sich das Kind mit seiner Umwelt aktiv auseinandersetzen kann.

Eine individuelle, nicht austauschbare Zuneigung mit seiner Bezugsperson in der Kindertageseinrichtung oder Kindertagespflege zu erleben, ermöglicht dem Kind, sich zuversichtlich und vertrauensvoll auf andere einzulassen. Die Schwelle für Kontaktaufnahmeversuche mit anderen Kindern sinkt, und die Bereitschaft für aktive Beteiligung am Geschehen in der Kindergruppe steigt. Die mit Erwachsenen erlebte Beziehungsqualität bereitet die Basis für die so wichtigen Gleichaltrigen-Kontakte. Bindungssicherheit erlaubt eine aktive Teilnahme an der Kinderwelt, an Aktionen mit gleichaltrigen, jüngeren und älteren Kindern. In herausfordernden emotionalen Situationen wird das erhöhte Bedürfnis des Kindes nach Zuwendung deutlich. Dies erfordert eine achtsame Interaktion und Pflege. Die Qualität der Beziehungsgestaltung hängt mit der Qualität der alltäglichen Handlungen und Kommunikation eng zusammen. Alltagsroutinen wie das Wickeln und Füttern sind Gelegenheiten, die Beziehung zwischen dem Kind und der Bezugsperson zu stärken. Dadurch lässt sich gegenseitiges Vertrauen zueinander aufbauen.

Achtsame Interaktion und beziehungsvolle Pflege und Begleitung zeigen sich:

- in liebevollem Respekt vor dem Kind,
- in Momenten ungeteilter Aufmerksamkeit,
- in behutsamen Berührungen,
- in sprachlicher Ankündigung und ruhiger Begleitung der Handlungen, welche das Kind zur Kooperation und zum Dialog anregen.

Gelingende Eingewöhnung

In den ersten Lebensjahren haben Kinder ein größeres Bedürfnis nach Bindung und reagieren sensibler auf Veränderungen. Somit erfordert die Eingewöhnung des Säuglings oder Kleinkindes in der Kindertageseinrichtung oder Kindertagespflege ausreichend Zeit, Behutsamkeit und Kontinuität.

In der Eingewöhnungsphase steht daher an erster Stelle der Beziehungsaufbau, für den Eltern und Fachkräfte gemeinsam Verantwortung tragen. Der Übergang von der Familie in die erste außerfamiliäre bzw. institutionelle Betreuung erfordert die Entwicklung einer sicheren und vertrauensvollen Bindung zu einer Fachkraft oder Tagespflegeperson.

Dazu sind zumindest in den ersten Wochen der Eingewöhnungszeit eine ständige Präsenz und verlässliche Verfügbarkeit der Bezugsperson erforderlich. In der Eingewöhnungszeit eines Kindes ist das gesamte Team gefragt. Die Bezugsperson muss sich intensiv um das neue Kind kümmern. Da dieser intensive Kontakt viel Zeit in Anspruch nehmen kann, müssen die Fachkräfte die Eingewöhnungsphase des Kindes im Team koordinieren und im Dienstplan berücksichtigen.

Auch über die Eingewöhnungszeit hinaus sollte die Kontinuität der Beziehung gewährleistet werden, um dem Kind weiterhin Orientierung und Sicherheit zu bieten.

Sicherheit erlangt das Kind ebenfalls über geregelte Abläufe und feste Rituale sowohl im sozialen Kontakt als auch im Tagesverlauf. Mit Rücksicht auf die individuellen Bedürfnisse, gerade der kleinsten Kinder, sollte auf jeden Fall eine gewisse Flexibilität im Tagesablauf sichergestellt werden. Das Mitbringen von vertrauten Gegenständen zum Beispiel erleichtert es dem Kind, sich in der neuen Umgebung wohlzufühlen.

Unterstützung von Bildungs- und Entwicklungsprozessen in den ersten Lebensjahren

Bereits in der frühen Kindheit sind die Beziehung und der wechselseitige Dialog zwischen den Fachkräften und den Kindern sowie die Interaktionen zwischen den Kindern von entscheidender Bedeutung.

Bildungsprozesse in den ersten Lebensjahren können dadurch gefördert und angeregt werden, dass die Kinder immer wieder ihre angeborenen Strategien zum Erfahrungserwerb einsetzen können, um durch Erkunden, Spielen, Nachahmen und fantasievolles Gestalten Neues zu entdecken. Im Alltag der Kin-

dertageseinrichtung oder Kindertagespflege ist zunächst alles interessant. Doch nur, wenn das Kind sich sicher fühlt und in seinem Erkundungsdrang nicht von Verlassenheitsangst gebremst wird, kann es seine Experimentierfreude und Lernbereitschaft ausleben.

Erfahrungen entstehen demnach im aktiven Handeln; sie sind in bestimmten Situationen verankert und brauchen einen realen Lebensbezug. Sie werden emotional bewertet, indem das Kind bestätigt, überrascht oder irritiert wird. Außerdem sind sie in soziale Zusammenhänge eingebettet, innerhalb derer das Kind feststellt, wie es einer Sache alleine, gemeinsam, im Wettstreit oder mit Unterstützung anderer auf die Spur kommen kann. Das Kind sucht sich Lernumgebungen aus, die möglichst viel Anregung für weitere wichtige Informationen im Hinblick auf das aktuelle Interessengebiet bieten.

„Kleinkinder sind ‚Bildungsnomaden': Ein- und Zweijährige wechseln mit ihren Gedankenschäfchen immer wieder die Weide, wenn der alte Platz bereits ´abgegrast´ scheint, um ihnen neue Gräser und Kräuter zur Sinnesnahrung bieten zu können" (Haug-Schnabel 2009a).

Zur Beziehungsstärkung sowie zur Unterstützung des Spracherwerbs, der Sicherung des vertieften Spiels, eines spezialisierten Erkundungsdrangs oder der Förderung eines Begabungs- oder Interessenschwerpunktes ist ein zugewandtes Eingehen auf das einzelne Kind besonders bedeutsam.

Fachkräfte in den Kindertageseinrichtungen und in der Kindertagespflege setzen sich mit frühkindlichen Entwicklungsprozessen sowie Bindungsbedürfnissen und -mustern auseinander und begleiten und unterstützen empathisch und sensibel die individuelle Entwicklung der Kinder in den ersten Lebensjahren.

Kinder in den ersten Lebensjahren empathisch und sensibel begleiten

- Kleinstkinder brauchen ein hohes Maß an Kontinuität und Verlässlichkeit, eine wertschätzende Grundhaltung ihrer Bezugspersonen, Ansprache und Zuwendung, die Balance zwischen Autonomie und Sicherheit, emotionale Sicherheit und für sie überschaubare Bedingungen. Möglichkeiten, ihre Selbstwirksamkeit zu erfahren, beziehungsvolle Pflege, Beobachtung und Begleitung ihrer Interessen und Gefühle sind wichtige Voraussetzungen für die positive Entwicklung der Kinder.
- Pflegesituationen mit Kindern sind nicht als hygienische Notwendigkeit zu betrachten, sondern als ein kommunikatives, zugewandtes und ereignisreiches Miteinander. Diese Situationen ermöglichen einen engen Kontakt zwischen Kind und Bindungsperson.
- Die Erziehungsleistungen und das Bildungsangebot für Kinder unter drei Jahren sind in das pädagogische, ganzheitlich ausgerichtete Gesamtkonzept der Kindertageseinrichtung und Kindertagespflege integriert.
- Die Ausstattung der Räumlichkeiten sowie Spiel- und Beschäftigungsmaterial sind altersgemäß, und es werden angemessene Bewegungsmöglichkeiten geboten.
- Die Kinder finden gleichaltrige Spielpartner bzw. Spielpartnerinnen vor und haben die Möglichkeit zu Kontakten zu älteren und jüngeren Kindern.
- Eltern werden in alle Fragen der Bildung, Erziehung und Betreuung ihres Kindes mit einbezogen. Ein täglicher kurzer Austausch von Informationen zwischen Eltern und pädagogischer Fachkraft muss gewährleistet sein; dies ist vor allem bei sehr jungen Kindern, die noch nicht sprechen können, von wesentlicher Bedeutung.
- Eltern von Kindern unter drei Jahren brauchen in besonderem Maße die Sicherheit und das Vertrauen, dass ihr Kind in der Kindertageseinrichtung oder Kindertagespflege „gut aufgehoben" ist und dort entsprechend gefördert und betreut wird.

Besonderheiten in der Kindertagespflege

Kindertagespflege und Kindertageseinrichtungen unterliegen demselben Bildungs- und Erziehungsauftrag. Vor diesem Hintergrund gelten die Grundsätze zur Bildungsförderung auch als Orientierung für die Bildung, Erziehung und Betreuung in der Kindertagespflege. Gleichwohl ergeben sich im Vergleich zur Kindertageseinrichtung einige Besonderheiten in der Kindertagespflege, die im Folgenden aufgezeigt werden.

In der Kindertagespflege werden Kleingruppen von Kindern von einer festen Bezugsperson in einem familienähnlichen Umfeld betreut. In den meisten Kindertagespflegeverhältnissen verbringt das Kind in aller Regel seinen Alltag im privaten Haushalt der Betreuungsperson gemeinsam mit anderen Tagespflegekindern und Familienmitgliedern der Tagespflegeperson. Es nimmt dort am Familienleben teil und erlebt die Beziehungen der Mitglieder der Tagespflegefamilie untereinander. Kindertagespflege findet aber auch in angemieteten Räumlichkeiten oder in Großtagespflegestellen statt.

Findet Kindertagespflege im privaten Haushalt der Tagespflegeperson statt, dann ist der Tagesablauf des Kindes geprägt durch einen „normalen" Familienalltag (Haushalt, Kochen, familiäre Interaktionen etc.). Obwohl diese Ähnlichkeiten zur Familie gegeben sind, ist Kindertagespflege darüber hinaus durch gezieltes pädagogisches Handeln der Tagespflegeperson charakterisiert.

Kleine Gruppe

Die kleine Gruppe in der Kindertagespflege bietet dem Kind Sicherheit und Orientierung. Die überschaubare Anzahl der Kinder ermöglicht ihm intensive soziale Erfahrungen und geschwisterähnliche Beziehungen. Weiterhin werden die Bildungspotenziale des Kindes durch die Interaktion mit anderen Kindern, zum Beispiel im Spiel, herausgefordert. In der Kindertagespflege finden sich oftmals altershomogene Gruppen. Die Kinder haben ähnliche Bedürfnisse, Interessen, Kompetenzen und Verständigungsformen. Die Tagespflegeperson kann die Entwicklungsumwelt dementsprechend gestalten und sowohl mit entsprechenden Angeboten die Gleichaltrigen-Interaktionen herausfordern als auch den Bedürfnisse des einzelnen Kindes gerecht werden.

Intensive Bindung

Die Kindertagespflege bietet gute Rahmenbedingungen für den Aufbau sicherer Bindungen, denn hier wird das Kind kontinuierlich von ein und derselben Bezugsperson betreut. Die Tagespflegeperson kann sich intensiv um jedes Kind kümmern und auf seine Bedürfnisse eingehen. So entstehen eine intensive Beziehung und emotionale Verbundenheit, die besonders durch die Persönlichkeit der Tagespflegeperson getragen wird. Das Gefühl von Geborgenheit sowie die konstante Beziehung zur Betreuungsperson und den anderen Tagespflegekindern geben dem Kind viel Sicherheit und Vertrauen. Diese guten Voraussetzungen für Explorations- und Selbstbildungsprozesse bedingen, dass das Kind mit Freude und Neugierde seine Umwelt erkunden und in Beziehung zu ihr treten kann.

Die Tagespflegeperson wird allerdings vor eine besondere Herausforderung gestellt: Sie ist die einzige erwachsene Bezugsperson sowohl in der Eingewöhnungszeit als auch während der Betreuungszeit. Ihre Emotionalität und Feinfühligkeit sind verantwortlich für positive Beziehungserfahrungen der Kinder außerhalb ihres eigenen familiären Kontextes. Weiterhin ist die Tagespflegeperson alleine für die Vermittlung von Bildung im Alltag zuständig und kann nicht auf die direkte Unterstützung eines Teams im alltäglichen Handeln oder auch in Konfliktsituationen zurückgreifen. Um professionell handeln zu können, sind ein großes Maß an Selbstreflexion, die Fähigkeit und Möglichkeit, sich in ein kollegiales Netzwerk einzubinden, die Möglichkeit und Bereitschaft zur Kooperation mit der Fachberatung und regelmäßige Fortbildung erforderlich.

Engere Zusammenarbeit mit Eltern

Kindertagespflege bietet vor allem für Eltern unter dreijähriger Kinder eine flexible und passgenaue Betreuung ihrer Kinder; die Tagespflegeperson kann zeitliche, erzieherische und pflegerische Erfordernisse und Wünsche der Eltern sowie individuellen Förderbedarf erfüllen. Der enge Austausch und eine vertrauensvolle Zusammenarbeit zwischen Eltern und Tagespflegeperson sind Voraussetzung für eine gelingende Bildungs-, Erziehungs- und Betreuungsarbeit. Die Zusammenarbeit mit den Eltern ist aufgrund der Rahmenbedingungen in aller Regel enger als in Kindertageseinrichtungen möglich. Hier gilt es dennoch, eine professionelle Distanz einzuhalten.

Bildung im Alltag

Frühkindliche Bildung in der Kindertagespflege findet im Erfahrungsfeld Alltag statt. Kleine Kinder finden gerade alltägliche Vorgänge (Mahlzeiten, Aufräumen, Einkaufen etc.) interessant – vor allem, wenn sie direkt in das Geschehen mit einbezogen sind und selbst aktiv werden dürfen. Der gemeinsam erlebte Alltag mit seinen Handlungen und Aufgaben beinhaltet viele Entwicklungsfelder für das Kind. Um die Interessen der Kinder aufzugreifen, ihnen vielfältige Erfahrungen zu ermöglichen und diese in der Entwicklung ihrer individuellen Bildungsprozesse zu fördern, muss die Tagespflegeperson für die Ausschöpfung der vorhandenen Möglichkeiten und Anlässe ausreichend sensibilisiert sein.

Die in Teil C dargestellten Bildungsbereiche bieten auch für die Kindertagespflege zahlreiche Anregungen zur Unterstützung und Gestaltung von Bildungsprozessen.

Insgesamt sind die Grundsätze zur Bildungsförderung für die Kindertagespflege als Chance zu verstehen, um Kindern die bestmögliche Bildung, Erziehung und Betreuung zuteilwerden zu lassen; gleichzeitig sollten die dargestellten Inhalte aber auch als Herausforderung gesehen werden, um die eigene Praxis weiterzuentwickeln.

B. Bildung verantworten

Die didaktischen Grundsätze der pädagogischen Arbeit im Elementar- und Primarbereich berücksichtigen den individuellen Entwicklungsverlauf und -stand eines jeden Kindes und orientieren sich nicht vorrangig an den jeweiligen Altersstufen bzw. vordefinierten Altersnormen. Die Gestaltung von Bildungsprozessen muss sich vor allem an der individuellen Entwicklung des Kindes orientieren.

Kinder wahrnehmen – Beobachtung und Dokumentation

Beobachtung als Grundlage für das pädagogische Handeln

Für die Planung, Durchführung und Gestaltung individueller Lern-, Bildungs- und Entwicklungsprozesse sind das Beobachten und damit einhergehend das Erfassen individueller Voraussetzungen sowie das Einschätzen der Fähigkeiten und Fertigkeiten jedes einzelnen Kindes eine unverzichtbare Grundlage, um das Kind kontinuierlich, individuell und optimal zu unterstützen. Beobachtung und Dokumentation geben Einblicke in kindliche Lern-, Bildungs- und Entwicklungsprozesse und bilden eine der Grundlagen für die pädagogische Arbeit von Lehr- und Fachkräften. Darüber hinaus dienen sie aber auch der Qualitätssicherung und Weiterentwicklung der pädagogischen Arbeit. In Kindertagesbetreuung und Schulen im Primarbereich haben Beobachtungen und Dokumentationen für eine gelingende kontinuierliche Bildungsbegleitung und individuelle Förderung der Kinder eine wichtige Bedeutung – auch wenn unterschiedliche Verfahren in den Bildungsinstitutionen genutzt werden.

In den Kindertageseinrichtungen und in der Kindertagespflege ist die regelmäßige alltagsintegrierte wahrnehmende Beobachtung unverzichtbare Voraussetzung, um das pädagogische Handeln an den individuellen Ressourcen und Möglichkeiten der Kinder auszurichten. Sie dient dazu, Anhaltspunkte für die Unterstützung der Bildungsprozesse der Kinder zu erhalten, diese wahrzunehmen und wirkungsvoll zu unterstützen.

Die wahrnehmende Beobachtung bildet die Grundlage, das Kind und seine Bildungsprozesse immer besser zu verstehen; hierzu müssen die Fachkräfte sich den kindlichen Denkweisen und Vorstellungen nähern und den Fokus auf das Kind richten. Hilfreich können dabei folgende Fragestellungen sein:

- Was tut das Kind?
- Was bringt es an Handlungsweisen und Ideen mit?
- Welche Fähigkeiten setzt das Kind ein?
- Welche Materialien interessieren es besonders?
- Wie nimmt es Beziehungen zu anderen (zu Kindern, zu Erwachsenen, zu Dingen) auf?
- Welche Bedeutung könnte die Situation für das Kind haben?

Die gesamte Persönlichkeit in den Blick nehmen

Bei der Beobachtung der Entwicklung eines Kindes stehen jedoch andere Fragestellungen im Vordergrund, wie zum Beispiel: Wie weit ist das Kind entwickelt, was kann es schon? Beobachtung von individuellen Bildungswegen der Kinder in Kindertageseinrichtungen und in der Kindertagespflege erfordern:

- die Bildungs- bzw. Selbstbildungsprozesse des einzelnen Kindes ganzheitlich, aber auch in den einzelnen Bildungsbereichen zu erfassen und zu verstehen,
- Wissen über die Vielfalt der Fähigkeiten, Stärken, Interessen, Fragestellungen, Herausforderungen, Verhaltensweisen, Handlungen etc. des Kindes zu erlangen und für die weitere Begleitung und Unterstützung des Bildungs- bzw. des Selbstbildungsprozesses zu nutzen,
- die Selbst-, Sozial-, Sach- und Methodenkompetenzen des Kindes zu erkennen,
- den Blick auf die individuellen Ressourcen des Kindes zu richten, um diese in das individuelle Bildungskonzept einzubeziehen,
- die Wirksamkeit pädagogischer Maßnahmen kontinuierlich zu überprüfen und gegebenenfalls zu korrigieren,
- die Eltern zu informieren und mit ihnen gemeinsam weitere Schritte zur Unterstützung des Bildungsprozesses zu beraten,
- die eigene Rolle und Haltung im Prozess der Beobachtung und Einschätzung zu reflektieren.

Grundsätzlich gilt als Voraussetzung für eine individuelle stärkenorientierte ganzheitliche Begleitung und Unterstützung, dass das Beobachtungsverfahren stets darauf gerichtet sein muss, die individuelle Betrachtung des einzelnen Kindes zu gewährleisten. Um zu einem umfassenden und tragfähigen Bild von Entwicklungs- und Bildungsprozessen eines Kindes zu gelangen, sollten möglichst alle Bildungsbereiche und Aspekte der Entwicklung mit beachtet werden.

Die Qualität der Beobachtung ist vom differenzierten Blick und der Haltung der Fach- und Lehrkräfte abhängig. Sie benötigen einen unvoreingenommenen Blick auf das Kind, haben ein Interesse daran, sich dem Kind zuzuwenden und sich mit ihm zu beschäftigen. Sie sind sich bewusst, dass die Beobachtungen nur zum Teil etwas über das Kind aussagen, sondern der gesamte Kontext (Raum, Zeit, Ort und Material) angemessen berücksichtigt werden muss.

Da auch immer subjektive Wahrnehmungen in die Aussagen mit einfließen können, ist es notwendig, dass die Fachkräfte sich selbst in ihrer Wahrnehmung reflektieren und ihre Wahrnehmungsfähigkeit weiterentwickeln. Ebenfalls müssen eigene Erwartungen und Erwartungen der sozialen Umwelt (z.B. der Eltern) im Beobachtungsprozess reflektiert werden. Der professionelle Austausch mit anderen Fach- und Lehrkräften dient auch dazu, im Rahmen der Selbstreflexion die Beobachtungsprozesse differenziert zu betrachten.

Bildungsdokumentation in Kindertageseinrichtungen und Kindertagespflege

In der Bildungsdokumentation werden die Ergebnisse der regelmäßigen, ganzheitlichen Beobachtungen der Bildungsprozesse des Kindes schriftlich festgehalten und die individuelle Bildungsgeschichte prozesshaft dargestellt. Zur Dokumentation stehen den Fachkräften zahlreiche Formen wie zum Beispiel Portfolios, Bildungsbücher oder Bildungs- und Lerngeschichten zur Verfügung. Sinnvollerweise sollte grundsätzlich ein Setting an unterschiedlichen Methoden und Instrumenten gewählt werden, das für alle – Kinder, Eltern, Fach- und Lehrkräfte – aussagekräftig ist. Verschriftlichte Beobachtungen, kommentierte Zeichnungen, Werke, Fotos, Ideen u.ä., die den Bildungsweg veranschaulichen und verständlich machen, sind mögliche Elemente der Bildungsdokumentation. Die Erstellung der Bildungsdokumentation in Kindertageseinrichtungen und Kindertagespflege setzt die schriftliche Zustimmung der Eltern/Erziehungsberechtigten voraus.

Für das Kind hat die Bildungsdokumentation eine besondere Bedeutung; sie bietet ihm die Möglichkeit, sich mit seiner eigenen Entwicklung auseinanderzusetzen, Erlebtes zu reflektieren, Veränderungen wahrzunehmen und sich der Weiterentwicklung seiner Fähigkeiten bewusst zu werden. Daher ist es wichtig, das Kind an der Erstellung seiner Bildungsdokumentation zu beteiligen, es in die Auswahl der beigefügten Materialien (Zeichnungen, Fotos etc.) einzubeziehen, seine Kommentare zu Situationen aufzugreifen und ihm sein „Produkt" zur Mitgestaltung zur Verfügung zu stellen. Die Mitgestaltung von und die Auseinandersetzung mit seiner eigenen Entwicklungsgeschichte ist für jedes Kind eine spannende Angelegenheit, die es erfahrungsgemäß, wenn ihm der notwendige Raum dafür gelassen wird, auch einfordert.

Bildungsdokumentationen beschreiben den individuellen Verlauf des Bildungsweges eines Kindes. Sie sind Teil seiner Biografie. Auch wenn die Bildungsdokumentation eine Grundlage für die pädagogische Arbeit in Kindertageseinrichtung, Kindertagespflege und Schule sowie Informationsmittel für Eltern über den Entwicklungs- und Bildungsprozess ihres Kindes ist, „gehört" sie als persönliches Dokument im Sinne des Selbstbestimmungsrechtes sowie des Partizipationsgedankens dem Kind selbst und sollte ihm daher jederzeit zugänglich sein. Hierbei ist selbstverständlich zwischen gemeinsam mit den Kindern erstellten Bildungsberichten (z.B. Portfolios) und schriftlichen Dokumentationen (z.B. Protokollen von Entwicklungsgesprächen) zu trennen. Eltern haben jederzeit das Recht, Einblick in die (Gesamt-)Dokumentation zu erhalten und ihre Herausgabe zu fordern.

Bedeutsamkeit der Bildungsdokumentation für das Kind

An den Kompetenzen des Kindes ansetzen

Weiterführung in der Schule

In der Schule werden die Beobachtung und Dokumentation durch die pädagogische Diagnostik erweitert. Pädagogische Diagnostik geht immer von der Absicht aus, die individuellen Lernausgangslagen der Schülerinnen und Schüler möglichst differenziert und genau zu erfassen und die nächsten Lernziele entsprechend zu gestalten – sowohl durch die Bereitstellung von Unterstützungsmaßnahmen bei Lernschwierigkeiten als auch durch die Förderung von besonderen Begabungen. Pädagogische Diagnostik geht in ihrem Anspruch ebenfalls davon aus, die gesamte Persönlichkeit des Kindes in den Blick zu nehmen und sie nicht nur auf einzelne Lernprozesse zu reduzieren. Darüber hinaus bietet pädagogische Diagnostik die Gelegenheit, unterrichtliches Handeln sowie Fördermaßnahmen auf ihre Wirksamkeit hin zu reflektieren. Förderdiagnostik und Förderplanung gehen nicht von einem defizitären Blick aus, sondern setzen an den Kompetenzen des Kindes an. Als Kernfragen dienen:

- Wo steht das Kind und über welche Kompetenzen verfügt es bereits?
- Wie sieht der nächste Entwicklungsschritt aus und welche Kompetenzen sind dazu erforderlich?
- Wie können die Fach- und Lehrkräfte das Kind hin zu dieser Entwicklung unterstützen?
- Wie werden die Entwicklungsfortschritte dokumentiert und die Förderung evaluiert?

Geeignete Fördermaßnahmen beachten individuelle Lernwege und Lernstrategien, unterschiedliche Methoden sowie Fragen der Motivation. Die Fördermaßnahmen sollten für einen überschaubaren Zeitrahmen aufgestellt werden und mit einer klaren Zielsetzung verbunden sein. Dem Kind wird in Lern- und

Entwicklungsgesprächen transparent gemacht, worauf die Fördermaßnahmen abzielen und welche Leistungen im Einzelnen dazu erbracht werden müssen. Das Kind wird als gleichwertiger Bildungspartner ernst genommen. Das Erreichen von Förderzielen kann auf diese Weise besser verdeutlicht werden, das Selbstwertgefühl des Kindes wird erhöht, und es wird zu weiteren Leistungen motiviert. Auch die Eltern sollten bei Planungen, die die Lernentwicklung und Förderung ihres Kindes betreffen, im Sinne einer gemeinsamen Bildungsbegleitung mit einbezogen werden.

Um dem Anspruch gerecht zu werden, alle Schülerinnen und Schüler als kompetente Lernende zu sehen und ernst zu nehmen, gewinnen Beobachtungen von Lernprozessen im Dialog immer mehr an Bedeutung. In diesem Zusammenhang stellt insbesondere das Portfolio eine Form der individuellen Dokumentation der Lernwege und -ergebnisse dar, die die Reflexion von Lerninhalten und Lernerfahrungen für Schülerinnen und Schüler ermöglicht. Gespräche auf der Grundlage von Portfolios, an deren Erstellung das Kind – zum Beispiel durch die Auswahl bestimmter Themen oder selbst gesetzte und erreichte Ziele – mitgewirkt hat, können Ausgangspunkt weiterer Zielsetzungen sein, die die Kinder ebenfalls mitbestimmen und für deren Erreichung sie auch selbst Verantwortung übernehmen.
Verschriftlichte Beobachtungen, zum Beispiel in Form von Beobachtungsbögen, dienen den Lehrkräften als Möglichkeit der Leistungsdokumentation. Sowohl Lernleistungen als auch Lernentwicklungen werden festgehalten, weitergeschrieben und dienen so als Grundlage für Elterngespräche wie auch für die Erstellung der Zeugnisse.

Neben der fortlaufenden und alltagsbezogenen Diagnostik, die eine wichtige Grundlage für die Gestaltung des Unterrichts bildet, kommt in der Grundschule den Zeugnissen als besondere Form individueller Rückmeldung von Leistung und Entwicklungen eine wichtige Bedeutung zu.
Die Zeugnisse geben Auskunft über die Lernentwicklung und den individuellen Leistungsstand des Kindes. Die in den Zeugnissen formulierten Aussagen beziehen sich auf die im Unterricht vermittelten Kenntnisse, Fähigkeiten und Fertigkeiten und sollen Schülerinnen und Schüler in ihrem Lernverhalten ermutigen und sie motivieren, weiterzulernen.
Die Schülerinnen und Schüler werden im Laufe der Grundschulzeit an eine kritische Einschätzung der eigenen Leistungsfähigkeit herangeführt. Aufgabe der Grundschule ist es, allen Kindern die Erfahrung zu ermöglichen, dass sie lern- und leistungsfähig sind und Lernerfolge haben. In den Grundschulzeugnissen werden daher nicht nur der aktuelle Lern- und Leistungsstand eines Kindes beschrieben, sondern auch seine Lernentwicklungen.
Die Leistungsbewertung im Primarbereich orientiert sich an den Anforderungen der Richtlinien und Lehrpläne und am erteilten Unterricht unter Berücksichtigung der individuellen Lernentwicklung des Kindes. Ihr liegt ein pädagogischer Leistungsbegriff zugrunde, der die Leistungsanforderungen mit individueller Förderung verbindet. Dies entspricht dem in den Richtlinien und Lehrplänen für die Grundschule beschriebenen Grundsatz, Lernprozesse kompetenzorientiert zu gestalten.

Beobachtung und Dokumentation beim Übergang

Die Beobachtung des kindlichen Lern- und Bildungsprozesses und ihre Dokumentation sind besonders bedeutsam in Übergangssituationen, zum Beispiel von der Kindertagespflege in die Kindertageseinrichtung bzw. von der Kindertageseinrichtung in die Schule. Die Sammlung solcher Beobachtungen enthält Informationen über den bisherigen Bildungsweg, die Hinweise geben, wie Bildungsprozesse kontinuierlich weitergeführt werden können.

Beobachtungen und ihre Dokumentation sind wichtige Grundlagen für die Zusammenarbeit mit Eltern im Sinne einer gemeinsamen Bildungsbegleitung. Sie dienen als Basis für den regelmäßigen Austausch und der gegenseitigen Information über die Persönlichkeit, die Entwicklung, die Stärken und Interessen, um ein differenziertes Bild des Kindes zu bekommen. Außerdem erhalten Eltern so Einblick, wie die Bildungsprozesse ihres Kindes unterstützt und herausgefordert werden, und bekommen Anregungen für ihr eigenes Handeln und ihre aktive Bildungsbegleitung und -unterstützung.

Ohne ausdrückliche Einwilligung der Eltern dürfen diese Informationen nicht an Dritte weitergegeben werden. Die Fachkräfte in den Kindertageseinrichtungen sowie die Lehrkräfte können Einblick in die bisherige Bildungsbiografie des Kindes erhalten, vorausgesetzt, die Eltern haben der Informationsweitergabe in nahem zeitlichen Rahmen zugestimmt. Wenn das Kind die Kindertagespflege oder die Kindertageseinrichtung verlässt, wird die Bildungsdokumentation an die Eltern ausgehändigt. Bei der Anmeldung in der Grundschule sollten die Eltern dann die Bildungsdokumentation zur Verfügung stellen. Das gleiche Verfahren ist für die Kindertagespflege anzustreben. Die Einsichtnahme in die Dokumentation durch die aufnehmende Institution ist hier als Chance zu verstehen, um die Kontinuität des Bildungsverlaufes zu gewährleisten.
Ein Austausch zwischen den Fach- und Lehrkräften ist selbstverständlich immer möglich. Nicht selten hospitieren auch Lehrkräfte aus dem Primarbereich in den Kindertageseinrichtungen und umgekehrt. Hospitationen ermöglichen den Fach- und Lehrkräften einen direkten Einblick in den pädagogischen Alltag der jeweils anderen Institution; sie dienen dazu, den jeweiligen Arbeitsstil kennenzulernen sowie Verhaltens- und Ausdrucksformen der Kinder in den unterschiedlichen Situationen von Kindertageseinrichtungen und Schule zu beobachten. Hierfür ist keine Einwilligung der Eltern erforderlich; Gespräche über Kinder dürfen jedoch nur mit Einverständnis der jeweiligen Erziehungsberechtigten geführt werden.

Gemeinsame Übergabegespräche zwischen Fach- und Lehrkräften sowie Eltern, Entwicklungskonferenzen zur individuellen Förderung von Kindern etc. stellen eine gute Möglichkeit dar, die Bildungsbiografie des Kindes erfolgreich und kontinuierlich zu begleiten.

Kinder lernen miteinander und voneinander

Kinder lernen mit- und voneinander. Sie geben ihr Wissen an andere Kinder weiter, erklären ihnen ihre Vorstellungen von bestimmten Bildungsinhalten und vertiefen und schärfen dabei ihre eigenen Konzepte. Kinder erproben in der Interaktion miteinander verschiedene Handlungsmöglichkeiten, Rollen und Beziehungsverhältnisse.
Kinder können ihre individuellen Stärken nutzen und füreinander als „Experten" fungieren. Innerhalb einer heterogenen Gruppe nehmen Kinder einmal die Rolle der oder des „Jüngeren" und einmal der oder des „Älteren" ein, erproben und entdecken unterschiedliche Geschlechterrollen und machen so wichtige Erfahrungen im Bereich des sozialen Lernens.

Schulen im Primarbereich können die Vorerfahrungen der Kinder in Bezug auf heterogene Gruppen nutzen und daran anknüpfen. Das pädagogische Profil und die flexible Gestaltungsmöglichkeit der Schuleingangsphase unterstützen dieses Vorgehen. Das Lernen in heterogenen Lerngruppen, zum Beispiel in jahrgangsübergreifenden Klassen, schafft viele Möglichkeiten, die unterschiedlichen Lernpotenziale zur wechselseitigen Anregung und Unterstützung für alle Schülerinnen und Schüler zu nutzen. Schulanfängerinnen und -anfänger finden in jahrgangsübergreifenden Klassen eine vorbereitete Lernumgebung mit ritualisierten Abläufen vor, sodass die Eingewöhnungs- und Umgewöhnungszeit in der Regel weniger belastend ist, weil sie durch bereits schulerfahrene Kinder gestützt wird.

Lernen Kinder unterschiedlichen Alters zusammen, also jahrgangsübergreifend, wird das soziale Miteinander in besonderer Weise trainiert:

- Kinder helfen sich gegenseitig,
- sie spornen sich gegenseitig zu Leistungen an,
- jedes Kind kann bei gemeinsamen Aufgaben das einbringen, was es kann,
- im Miteinander werden Fähigkeiten wie Aufmerksamkeit, Geduld und Verständnis in besonderem Maße gefördert.

Im jahrgangsbezogenen Unterricht bildet die jeweilige Altersgruppe eine feste Bezugsgruppe und damit die Klasse für das Kind. Dort lernt das Kind in einem vertrauten Klassenverband während der gesamten Grundschulzeit.
Viele Grundschulen setzen das „Patenmodell" – die Begleitung von Schulanfängerinnen und -anfängern durch ein Kind aus einer höheren Klassenstufe – erfolgreich zur Unterstützung in der Eingewöhnungszeit ein.
Unabhängig von der Organisationsform der Schuleingangsphase sind die individuelle Förderung und das Anknüpfen an die Erfahrungen und Lernausgangslage der Schülerinnen und Schüler Grundprinzipien des Anfangsunterrichts. Kinder, die eingeschult werden und bereits Kompetenzen in bestimmten Lernbereichen mitbringen – zum Beispiel, weil sie schon lesen können oder über Kenntnisse und Fertigkeiten im Zahlenraum bis 100 verfügen –, haben die Möglichkeit, sich von Anfang an mit Lernangeboten zu beschäftigen, die sie fordern und fördern und können so ihre Kompetenzen festigen und ausbauen.

Kinder als Experten

Das Lernen lernen

Lernmethodische Kompetenzen

In einer sich stetig wandelnden Gesellschaft reicht es nicht aus, ein Repertoire an Wissen zur Verfügung zu haben. Vielmehr sind Fähigkeiten, sein Wissen selbstständig zu mehren und Qualifikationen zu erwerben – also sein ganzes Leben lang zu lernen –, von Bedeutung. Hieraus ergibt sich die Notwendigkeit, lernmethodische Kompetenzen zu gewinnen.

Lernmethodische Kompetenzen wecken bei Kindern das Bewusstsein für ihre eigenen Lernprozesse und regen dazu an, im Austausch mit anderen der Frage nachzugehen: „Wie lerne ich?" Sowohl beim Spiel als auch in Alltagssituationen kann man Kinder dabei beobachten, wie sie Strategien entwickeln und einsetzen, um Probleme zu lösen. Solche Beobachtungen können Anknüpfungspunkte sein, Strategien zu thematisieren und Kindern den Wissenserwerb zu verdeutlichen – ausgehend von dem jeweiligen individuellen Entwicklungsstand eines Kindes. Im Anschluss an ein Projekt, eine gemeinsame Aktion, sollte somit nicht nur die Thematik des Projektes Gegenstand einer Reflexion sein, sondern es geht auch um Fragen, die alters- und entwicklungsspezifisch das Lernen und den Lernweg des Kindes selbst betreffen:

- Welches Vorwissen hat mir bei der Lösung eines Problems geholfen?
- Welche Informationen waren hilfreich und wie habe ich sie mir beschafft?
- Was weiß ich jetzt besser als vorher? Was kann ich jetzt besser?
- Welche Ideen und Gedanken waren hilfreich?
- Konnte ich meine Vorschläge einbringen?
- Konnte ich die Aufgabe besser alleine lösen oder brauchte ich Unterstützung?
- Wer oder was hat mir geholfen?

Kommunikation ist bei der Förderung lernmethodischer Kompetenzen von besonderer Bedeutung. Fragen der Kinder sollten Ausgangspunkt intensiver Diskussionen sein. Sich über verschiedene Lösungsmöglichkeiten auszutauschen, anderen zu erklären, wie und warum man etwas getan hat, anderen zuzuhören und damit eine andere Perspektive einzunehmen – diese Reflexionen machen das Lernen und Lernvorgänge bewusst und führen gleichzeitig zu einer tieferen Einsicht in inhaltliche Zusammenhänge.

In der Schule erlangen lernmethodische Kompetenzen eine immer größere Bedeutung, denn der Umgang mit fachlichen Arbeitsweisen und Methoden ist eine wesentliche Voraussetzung für selbstständiges Arbeiten. Methodische Kompetenzen lassen sich aber nicht nebenher im Unterricht vermitteln, sondern den Schülerinnen und Schülern müssen in herausfordernden Lernsituationen immer wieder Möglichkeiten zum Erwerb angeboten, von ihnen ausprobiert und anschließend reflektiert werden. Nur so werden sie in die Lage versetzt, über erlernte Methoden wirklich zu verfügen und sie zielorientiert und gewinnbringend einzusetzen. Methodenlernen in Schulen im Primarbereich nimmt die Schülerinnen und Schüler als Selbstlernende ernst und traut ihnen etwas zu. Sie lernen insbesondere:

- sich selbst zu organisieren,
- Arbeitsmaterialien bereitzuhalten,
- Arbeitspartner zu suchen und zu finden,
- sich die Zeit richtig einzuteilen und eine Arbeit konsequent zu Ende zu führen,
- die Arbeit zu planen sowie Aufgaben selbstständig und systematisch zu bearbeiten,
- über eigene Lernwege nachzudenken und sie anderen Kindern zu erklären,
- unterschiedliche Wege zu gehen, um Informationen einzuholen und sich Wissen anzueignen,
- selbst Aufgaben zu entwickeln,
- zusammen mit anderen zu arbeiten,
- gemeinsam Ergebnisse zu erzielen und zu präsentieren.

Lernen im Projekt

In einem Projekt beschäftigen sich Kinder über einen längeren Zeitraum mit einem Thema und erhalten so die Möglichkeit, verschiedene Aspekte kennenzulernen, Zusammenhänge selbst herzustellen und Bedeutungen für ihre Lebenswelt zu gewinnen.
In der Beschäftigung mit anspruchsvollen Aufgaben müssen Kinder die Möglichkeit erhalten, ihren eigenen Fragen selbstständig nachzugehen, eigene Lösungsmöglichkeiten zu suchen und unterschiedliche Zugangsweisen zu erproben. Projekte sind in besonderer Weise dazu geeignet, diese pädagogischen Ziele in die Praxis umzusetzen.

> Mit dem Thema „Wald“ können zum Beispiel unterschiedliche Aspekte angesprochen werden: die Tier- und Pflanzenwelt des Waldes, der Wald als ökologisches System, der Wald als Erholungs- und Freizeitgebiet, der Wald als Naturschutzgebiet. Im Rahmen so angelegter Projekte haben Kinder die Möglichkeit zu unterschiedlichen Aktivitäten im Sinne einer ganzheitlichen Förderung. Ihre sozialen Kompetenzen werden gestärkt, indem sie mit anderen Kindern zusammenarbeiten und sich gegenseitig austauschen. Die Bildungsangebote sind derart gestaltet, dass sie die Kinder anregen, eigene Strategien zu entwickeln, um etwas herauszufinden.

In der Projektarbeit sind die Prozesse ebenso bedeutend wie die Ergebnisse. Die Reflexion darüber, was und vor allem wie Kinder bei der Planung und Durchführung gelernt haben, ist daher Kernbestandteil des Lernens im Projekt.

Lernen in der Grundschule kompetenzorientiert gestalten

Im kompetenzorientierten Unterricht wird Lernen als aktiver, selbstgesteuerter, situativer und konstruktiver Prozess betrachtet, in dem Lernende unter Einbeziehung des eigenen Vorwissens anwendbares Wissen und Können erwerben. Grundlage der Unterrichtsplanung ist, festzustellen, welche Kompetenzen anhand welcher Inhalte erlernt werden können. Um den unterschiedlichen Bedürfnissen der Kinder gerecht zu werden, werden ihnen auch unterschiedliche Wege und Methoden angeboten. Zur Rolle der Lehrkräfte gehört es, als Lernbegleiterinnen und -begleiter eine ansprechende und anregende Lernumgebung zu gestalten. Sie stellen Aufgaben mit unterschiedlichem Anspruchsniveau zur Verfügung und unterstützen die Schülerinnen und Schüler bei Fragen und Problemen. Regelmäßig führen die Lehrkräfte Lern- und Entwicklungsgespräche durch, in denen gemeinsam die bereits erreichten Leistungen reflektiert und die nächsten Lernschritte geplant werden.

Gute Lernaufgaben

- sind herausfordernd auf unterschiedlichem Anspruchsniveau,
- fördern inhalts- und prozessbezogene sowie übergreifende Kompetenzen,
- knüpfen an Vorwissen an und bauen das strukturierte Wissen vernetzt auf,
- sind in sinnstiftende Kontexte eingebunden,
- eröffnen vielfältige Lösungsstrategien und Darstellungsformen,
- stärken durch erfolgreiches Bearbeiten das Gefühl, kompetent zu sein.

In der Schule sind viele Bereiche in den Lehrplänen schwerpunktmäßig einem Fach zugeordnet. Dennoch bieten sich vielfältige Mög-

Fächerübergreifendes Arbeiten

lichkeiten, fächerübergreifende Themen zu bearbeiten, um so den spezifischen Beitrag eines Faches für komplexere Aufgaben zu nutzen. Kulturell tradiertes Wissen ist in unserer Gesellschaft untrennbar mit Schrift, Sprache, Mathematik, Naturwissenschaft und Technik, Kunst und Musik verbunden. Daher muss ein wesentliches Anliegen von Schule sein, Schülerinnen und Schüler in diesen Kompetenzen zu stärken. Aufgabe der Schule ist es aber auch, Kinder in ihrer Persönlichkeitsentwicklung zu fördern und zu stärken. Dazu gehört zum Beispiel das Erfahren von Selbstwirksamkeit. Bedeutungsvolles Lernen in diesem Sinne meint, dass Schülerinnen und Schüler nicht nur Wissen erwerben, sondern es in vielfältigen Übungen und anspruchsvollen Aufgabenstellungen anwenden und übertragen können. Erst in solchen Lernsituationen erleben sie sich als kompetent, bilden weitere Interessen aus und entwickeln Motivation.

Dabei lernen die Schülerinnen und Schüler im Laufe der Schulzeit insbesondere:

- selbstständig und eigenverantwortlich zu handeln,
- gemeinsam mit anderen zu lernen und Leistungen zu erbringen,
- eine eigene Meinung zu entwickeln und diese zu vertreten, gleichzeitig andere Standpunkte zu respektieren,
- in religiösen und weltanschaulichen Fragen persönliche Entscheidungen anzubahnen und Verständnis und Toleranz gegenüber den Entscheidungen anderer zu entwickeln,
- ein demokratisches Grundverständnis zu entwickeln,
- die eigene Wahrnehmungs-, Empfindungs- und Ausdrucksfähigkeit sowie musisch-künstlerische Fähigkeiten zu entfalten,
- Freude an der Bewegung und am gemeinsamen Sport zu entwickeln, sich gesund zu ernähren und gesund zu leben sowie
- mit Medien verantwortungsbewusst und sicher umzugehen.

Jedes Kind geht seinen Weg – Vielfalt als Herausforderung und Chance

In Kindertageseinrichtungen, Kindertagespflege und Schule ist das Gefüge von Kindergruppen vielfältiger geworden. Die Kinder kommen aus verschiedenen Ländern und Kulturen, unterschiedlichen ökonomischen Verhältnissen, haben individuelle familiäre und soziale Erfahrungen gemacht und unterscheiden sich hinsichtlich ihres Geschlechts, ihres Verhaltens und ihrer Bedürfnisse und ihres individuellen Unterstützungsbedarfes. Weiterhin unterscheidet sich jedes Kind von Geburt an von allen anderen Kindern durch besondere Merkmale, Eigenschaften und Neigungen. Jedes Kind ist daher im positiven Sinne einzigartig – Heterogenität ist der Normalfall!

Heterogenität bietet Kindern viele Erfahrungsansätze und Lernmöglichkeiten, denn Verschiedenheit eröffnet die Chance, unterschiedliche Lebenswelten kennenzulernen, den Anderen in seiner Besonderheit zu akzeptieren, Vorurteile abzubauen etc. In einer Pädagogik der Vielfalt geht es bei Bildungsbegleitung und -förderung der Kinder auch darum, jedes Kind in seiner Individualität wahr- und anzunehmen und das Lernen seinen jeweiligen Lernvoraussetzungen entsprechend zu gestalten.

Für die Fach- und Lehrkräfte bedeutet dies – mit Blick auf die Biografie der Kinder – eine besondere Herausforderung und verlangt das Hinterfragen der eigenen, subjektiven Haltung gegenüber Heterogenität. In der pädagogischen Alltagspraxis von Kindertageseinrichtungen, Kindertagespflege, Ganztagsangeboten und Schulen gilt es dementsprechend, Vielfalt und verschiedene Lebensweisen als Reichtum aufzufassen und wertzuschätzen sowie die Kinder in ihrer Vielschichtigkeit, Einmaligkeit und Besonderheit anzuerkennen.

Die Grundschule ist eine gemeinsame Schule für alle Kinder. Daher wird auf der Basis, Vielfalt als Chance und Herausforderung zu verstehen, die pädagogische Arbeit der Kindertageseinrichtungen im Primarbereich weitergeführt, indem jedes Kind, bezogen auf seine individuellen Stärken, durch individualisierten Unterricht, differenzierte Unterrichtsangebote und ein anregungsreiches Schulleben nachhaltig gefördert wird. In offenen Ganztagsschulen werden Bildung, Erziehung, individuelle Förderung und Betreuung konzeptionell miteinander verbunden, um Kindern mehr Bildungsqualität und Chancengleichheit zu ermöglichen.

Grundschule als gemeinsame Schule für alle Kinder

Ein konstruktiver Umgang mit Verschiedenheit im Elementar- und Primarbereich, der eine differenzierte und individuelle Orientierung am einzelnen Kind, seinen Stärken und Entwicklungspotenzialen anstrebt, bietet zahlreiche Chancen für die individuelle Förderung.

Fach- und Lehrkräfte sorgen somit für die Balance zwischen der Wertschätzung von Vielfalt als Bereicherung und der Schaffung einer entwicklungsförderlichen Umgebung, in der sich jedes Kind individuell entfalten kann. Die Grundlage hierfür ist die von Achtsamkeit und Respekt geprägte pädagogische Haltung der Erwachsenen. Darauf aufbauend, rücken deren Fachkompetenzen zur partnerschaftlichen Zusammenarbeit mit Eltern und Familien in den Fokus.

Heterogenität ist der Normalfall

Benachteiligte Familien unterstützen

Soziale Ungleichheit

Die soziale Herkunft eines Kindes entscheidet noch viel zu sehr über seine Bildungschancen und seine gesamte Bildungsbiografie. Kinder, die in benachteiligten Lebenslagen aufwachsen, haben nicht weniger Potenziale und Begabungen. Sie und ihre Familien benötigen aber oftmals mehr Unterstützung, um ihre Stärken und Möglichkeiten zu entfalten.

Ziel ist die Schaffung eines Umfeldes, das Kindern genügend Sicherheit, Schutz und Unterstützung bietet, um auch schwierige Lebensbedingungen und Belastungen erfolgreich bewältigen zu können. Die Einbeziehung der Familie als erstem Bildungsort der Kinder spielt hier eine zentrale Rolle. Auf der Basis einer tragfähigen Bildungs- und Erziehungspartnerschaft zwischen Erziehungsberechtigten und Fach- und Lehrkräften geht es sowohl darum, die Leistungen der Familie anzuerkennen, als auch sie zu stärken und passgenaue Unterstützung anzubieten oder zu vermitteln.

Kulturelle Vielfalt als Herausforderung und Chance

Kulturelle Unterschiedlichkeit

In unserer Gesellschaft wachsen Kinder aus unterschiedlichen Ethnien, Kulturen und mit unterschiedlichen Sprachen auf. Die kulturelle Vielfalt in Kindertageseinrichtungen, Kindertagespflege, Ganztagsangeboten und Schulen bietet die Chance, miteinander und voneinander zu lernen und damit den eigenen Erfahrungshorizont zu erweitern.

Eine zentrale Aufgabe besteht darin, allen Kindern eine konstruktive Auseinandersetzung mit kultureller Heterogenität zu ermöglichen, die eine Basis für den gemeinsamen Dialog und für Begegnung bildet. Die interkulturelle Kompetenz von Kindern, Eltern, Fach- und Lehrkräften wird durch alltägliche Erfahrungen gefördert, durch den Austausch über Besonderheiten und die Anerkennung von Verschiedenheit sowie durch regelmäßige Gespräche und gemeinsames Lernen.

Mehrsprachigkeit wird als zusätzliches Potenzial eines Menschen wertgeschätzt. Die Anerkennung von Mehrsprachigkeit lässt sich zum Beispiel durch den Einsatz von bilingualen Lesepaten, die Einrichtung einer Mehr-Sprachen-Bibliothek und die Beschäftigung von bilingualen Fachkräften erhöhen. Interkulturelle Erziehung bezieht bewusst die Zuwanderungskultur und die kulturellen Hintergründe der Familien in den Bildungsprozess der Kindern mit ein (auch im Rahmen von kulinarischen Elternabenden, interkulturellen Feste etc.).

Durch die Anerkennung der unterschiedlichen Lebenssituationen und Fähigkeiten werden Kinder zum Aufbau positiver Beziehungen untereinander und zu Gemeinsinn und Toleranz befähigt.

Kinder mit unterschiedlichen Beeinträchtigungen oder Behinderungen

Kindern mit Beeinträchtigungen oder mit Behinderungen soll die Teilhabe an allen Bereichen des gesellschaftlichen Lebens gleichberechtigt und vollumfänglich ermöglicht werden. Sie haben das Recht, an allen Bildungsprozessen teilzunehmen und individuelle Begleitung und Unterstützung zu bekommen.

In Kindertageseinrichtungen, Kindertagespflege, Ganztagsangeboten und Schulen werden das Miteinander-Umgehen, das Spielen und das gemeinsame Lernen von Kindern mit und ohne Beeinträchtigungen und Behinderungen zunehmend alltägliche Praxis. Vielfalt wird als Bereicherung und als alltägliche Erscheinungsform verstanden. Kinder müssen diese Einstellung nicht erst erwerben. Für sie ist zunächst jeder Mensch in seiner Unterschiedlichkeit und mit seinen besonderen Bedürfnissen „normal“. Sie haben ein Gespür für die Bedürfnisse anderer Kinder und wissen instinktiv, was gut oder nicht gut für die oder den Anderen ist.

Entsprechend der VN-Behindertenrechtskonvention zählen zu den Menschen mit Behinderungen diejenigen, die langfristig körperliche, seelische, geistige oder Sinnesbeeinträchtigungen haben, die sie in Wechselwirkung mit verschiedenen Barrieren an einer vollen, wirksamen und gleichberechtigten Teilhabe an der Gesellschaft hindern können. Ausgehend von dieser Definition bedeuten individuelle Beeinträchtigungen nicht grundsätzlich eine Behinderung. Vielmehr entsteht diese dann, wenn nicht ausreichende und angemessene Maßnahmen getroffen werden, um Teilhabe zu ermöglichen. Das bedeutet, dass das Zusammenwirken von individuellen Beeinträchtigungen und zusätzlichen Barrieren in der physischen und sozialen Umwelt abzubauen ist.

Unterstützung, Begleitung und Förderung von Kindern mit Beeinträchtigungen oder Behinderungen baut auf deren individuellen Stärken und Fähigkeiten auf. Ziel gemeinsamer Bildung, Erziehung und Betreuung von Kindern mit und ohne Behinderung ist es, zu gesellschaftlicher Teilhabe und einem selbstbestimmten Leben hinzuführen und niemanden auszugrenzen.

Auf dem Weg zu einem inklusiven Bildungssystem

Die Umsetzung des Leitgedankens der VN-Behindertenrechtskonvention, nämlich das Recht von Menschen mit Behinderung auf Bildung anzuerkennen und ein inklusives Bildungssystem auf der Grundlage von Chancengleichheit zu verwirklichen, erfordert in der pädagogischen Arbeit gemeinsame Anstrengungen und das Zusammenwirken unterschiedlicher Akteure auf allen Ebenen des Bildungssystems. Hier liegt – mit Blick auf die Biografie der Kinder – eine besondere Herausforderung für den Alltag von Kindertageseinrichtungen, Kindertagespflege, Ganztagsangeboten und Schulen, welche die ganzheitliche Einbindung von Kindern mit Behinderung ermöglichen sollen. Kinder werden somit in ihrer Andersartigkeit akzeptiert, ohne diese als Abweichung oder als Anlass zur Ausgrenzung wahrzunehmen. Aufseiten der Fach- und Lehrkräfte verlangt dies, die subjektive Haltung gegenüber Heterogenität und Behinderung zu hinterfragen. Kinder mit und ohne Behinderung sollen von Anfang an zusammen leben und lernen.

Im Übergangsprozess vom Elementar- zum Primarbereich kommt der Kommunikation zwischen den Beteiligten eine ausschlaggebende Rolle zu. Fach- und Lehrkräfte haben die Aufgabe, gemeinsam mit den Eltern und Kindern den Übergang zu einer geeigneten Grundschule mit Fördermöglichkeiten für das betreffende Kind transparent und offen zu gestalten. Umfassende Beratung zur Weiterführung von Fördermöglichkeiten aus der Kindertageseinrichtung und geeignete Angebote von Schulen des Gemeinsamen Lernens sowie ein Austausch auf Augenhöhe sind hier wesentliche Gelingensfaktoren, damit sich das Kind als Teil der Gemeinschaft der jeweiligen Bildungsinstitution empfinden kann.

Gemeinsames Lernen als Regelfall

Für die Grundschulen und weiterführenden Schulen ist mit dem 9. Schulrechtsänderungsgesetz die rechtliche Grundlage für inklusive Bildung und Erziehung von Kindern und Jugendlichen geschaffen worden. Das gemeinsame Lernen von Kindern mit und ohne Beeinträchtigungen und Behinderungen in allgemeinen Schulen wurde im Schulgesetz Nordrhein-Westfalens als Regelfall verankert. Der gemeinsame Unterricht von Schülerinnen und Schülern mit sonderpädagogischem Unterstützungsbedarf (in den Förderschwerpunkten Emotionale und soziale Entwicklung, Lernen und Sprache – den sogenannten Lern- und Entwicklungsstörungen – sowie Sehen, Körperliche und motorische Entwicklung, Hören und Kommunikation und Geistige Entwicklung) hat in Nordrhein-Westfalen eine lange Tradition. Künftig werden allgemeine Schulen zu Schulen des Gemeinsamen Lernens weiter ausgebaut.

Durch einen engen Austausch mit der Familie und die Vernetzung mit spezialisierten Partnern, wie Therapeutinnen und Therapeuten und Frühförderzentren, wird ein abgestimmter und professioneller Umgang mit den Bedürfnissen von Kindern mit Behinderung sichergestellt.

Kinder mit besonderen Begabungen

Kinder bringen unterschiedlich ausgeprägte Begabungen in verschiedenen Bereichen mit. Diese Begabungen können sich zum Beispiel in der sozialen Interaktion, der sprachlichen Kompetenz oder im künstlerischen Bereich zeigen. Alle Kinder, auch Kinder mit besonderen Begabungen, benötigen eine individuelle, dem eigenen Lerntempo, den jeweiligen Interessen und Bedürfnissen angepasste Förderung. Hiermit ist jedoch nicht eine Förderung in spezialisierten Institutionen gemeint. Vielmehr geht es darum, allen Kindern im Elementar- und Primarbereich Lerngelegenheiten anzubieten, in denen sie sich als Teil einer Lerngemeinschaft mit anderen Kindern erleben.

Piep
GAP

Unterschiedlichkeit der Geschlechter

Im Elementar- und Primarbereich ist die Pädagogik der Geschlechtergerechtigkeit und Geschlechtersensibilität ein unverzichtbares und komplexes Thema. Dabei ist zu berücksichtigen, dass das Weltbild der Kinder schon in den frühen Lebensjahren durch vorgelebte Rollenbilder geprägt wird, die Geschlechtsidentität durch den kulturellen und sozialen Hintergrund unterschiedlich besetzt sein kann und unterschiedliche Interessen, Sichtweisen und Lernwege von Mädchen und Jungen sich auf den Erwerb von Kompetenzen und Wissen auswirken können.

Eine geschlechterbewusste Pädagogik unterstützt Kinder dabei, einengende Geschlechterbilder zu erweitern, unterschiedlichen Interessen neugierig nachzugehen und vielfältige, geschlechterunabhängige Kompetenzen zu erwerben. Trotzdem ist es für die Entwicklung der eigenen Identität von Mädchen und Jungen sinnvoll, dass ihnen sowohl weibliche als auch männliche Rollenvorbilder zur Auswahl stehen.

Von besonderer Wichtigkeit ist auch, dass Kinder eine Geschlechtsidentität entwickeln, mit der sie sich wohlfühlen und die auf Gleichberechtigung und Gleichachtung basiert. Vor diesem Hintergrund sollten die Fach- und Lehrkräfte eine gendersensible Haltung einnehmen und über Genderkompetenzen verfügen.

Die Grundschule legt ihre Arbeit im Sinne der reflexiven Koedukation an. Die Lernarrangements zielen darauf ab, eventuell bestehende Benachteiligungen zu beseitigen und Defizite auszugleichen. So können Kinder grundsätzliches Vertrauen in die eigene Stärke und Lernfähigkeit entwickeln.
Ziel ist es, auf ein Leben in einer Gesellschaft vorzubereiten, in der Mädchen und Jungen bzw. Frauen und Männer ihre Lebensplanung unter Nutzung ihrer individuellen Begabungen, Fähigkeiten und Fertigkeiten gleichberechtigt verwirklichen.

Regionale Unterschiede

Die Bildungsanregungen und sozialräumlichen Angebote der Umwelt können von Region zu Region unterschiedlich sein. Disparitäten entstehen häufig dort, wo auch die institutionellen und strukturellen Rahmenbedingungen verschieden sind. So ist das Leben auf dem Land von anderen Voraussetzungen und Problemlagen geprägt, als das Leben in großstädtischen Ballungszentren. Für Kinder ist es deshalb wichtig – unabhängig von ihrem Lebensort – regional übergreifende Erfahrungen in unterschiedlichen Lebensräumen zu machen, um ihre Lernerfahrungen zu erweitern. Verlässliche Partner zur Konzeptionierung und Umsetzung regionaler Angebote sind die Regionalen Bildungsnetzwerke (siehe dazu auch Seite 69). Ein ganzheitliches Verständnis von Bildung, Erziehung und Betreuung in der Region sollte alle regionalen Wirkungsfaktoren einbeziehen, die sich auf die Bildungsbiografie eines Menschen auswirken. Die pädagogischen Prinzipien der Alltagsorientierung und des situativen Lernens sind hier handlungsleitend (z.B. gemeinsame Erkundung des Wohnortes, Besuch von verschiedenen Stellen wie Polizei, Feuerwehr, Firmen, Senioreneinrichtungen, Einrichtungen der offenen und verbandlichen Jugendhilfe vor Ort).

Kinder brauchen eine „Kultur des Übergangs“

Für das Kind ist ein erfolgreicher Verlauf des Übergangs im Wesentlichen durch das Verhältnis zweier Prinzipien geprägt – durch das Prinzip der Diskontinuität und das Prinzip der Kontinuität.
Stehen Kontinuität und Diskontinuität in einem subjektiv empfunden ausgewogenen Verhältnis, wird der Übergang vom Kind positiv gesehen und sogar gewünscht. Es kann seinen neuen Status genießen und die sich ihm bietenden Chancen nutzen. Gleichzeitig haben Kinder ein großes Bedürfnis, Bekanntes wiederzuentdecken und beizubehalten. Dies bezieht sich zum einen auf die Gestaltung von Ritualen innerhalb des Tagesablaufs und zum anderen insbesondere auf die Fortführung begonnener Entwicklungs- und Lernprozesse. Hier eine Kontinuität zu wahren und gleichzeitig neue Herausforderungen zu stellen, ist eine der Aufgaben der Fach- und Lehrkräfte.

Übergänge als Prozess begreifen

Ein Übergang ist nicht ein zeitlich eng umgrenztes Ereignis, sondern ein längerfristiger Prozess. Neue Entwicklungsanforderungen werden an das Kind gestellt und neue Lernprozesse in Gang gesetzt. Das Kind muss erst Erfahrungen sammeln und auf die neue Situation reagieren können. In diesem Prozess lernt das Kind, was der neue Lebensabschnitt und die neue Umgebung von ihm fordern, und stellt sich im Laufe der Übergangs- und Eingewöhnungsphase darauf ein. Die Dauer des Übergangs richtet sich dabei nach den individuellen Bedürfnissen des jeweiligen Kindes.

Übergänge individuell betrachten

Eine gemeinsame Vorbereitung der abgebenden und der aufnehmenden Institutionen inklusive Kindertagespflege, die sich an den individuellen Belangen des Kindes orientiert und die Eltern mit einbezieht, fördert einen gelungenen Übergang. Hierbei gilt: Die Unterstützungsbedürfnisse unterscheiden sich je nach Alter und individueller Ausgangslage des Kindes erheblich.

Übergänge können als gelungen bezeichnet werden, wenn das Kind sich wohlfühlt und sein Wohlergehen auch zum Ausdruck bringt, wenn es sozial integriert ist, die Bildungsangebote für sich nutzen kann und neue Kompetenzen im Bereich der aufgetretenen Anforderungen erworben hat.

Eltern begleiten ihr Kind in solchen Übergangssituationen nicht nur, sondern vollziehen selbst einen Übergang:

- Sie erfahren eine neue Rolle als Eltern eines „Kindergartenkindes" oder „Schulkindes".
- Sie kommen mit neuen Regeln und anderen Kommunikationsstilen in Kontakt.
- Sie akzeptieren, dass neue Bezugspersonen eine Rolle bei der Bildung und Erziehung ihres Kindes übernehmen.
- Sie erfahren, dass ihr Kind in die neue Rolle hineinwächst und sich weiterentwickelt, ohne dass sie immer unmittelbar beteiligt sind.

Die beteiligten Fach- und Lehrkräfte stehen beim Übergang in einer besonderen gemeinsamen Verantwortung. Eine enge Vernetzung mit familienbezogenen Fachinstitutionen (z.B. Familienbildungsstätten und Familienberatung) kann die Familien und die Fach- und Lehrkräfte in der Übernahme ihrer Verantwortung unterstützen. Daher sollten für die verschiedenen Übergänge im Laufe der Bildungsbiografie im Wesentlichen folgende Grundsätze gelten:

- Alle am Übergang beteiligten Institutionen und die Kindertagespflege sind für die Kontinuität der Bildungs- und Erziehungsprozesse verantwortlich.
- Übergängen liegen umfassende Kooperationsprozesse zugrunde, die von Professionalität geprägt sind und auf Augenhöhe stattfinden.
- Die Gestaltung von Übergängen ist eingebunden in regional abgestimmte frühpädagogische und schulische Bildungskonzepte mit entsprechenden Leitzielen.

- Auch in Übergangssituationen benötigen Kinder in unterschiedlichem Ausmaß individuelle Unterstützung.

Von der Familie in die erste außerfamiliäre (institutionelle) Betreuung

Der Übergang in die erste außerfamiliäre Betreuung – in die Kindertageseinrichtung oder Kindertagespflege – ist in aller Regel mit einer erstmaligen, mehrstündigen Trennung von den engsten Bezugspersonen verbunden. Für das Kind und seine Bezugspersonen ist dies eine neue Situation, an die sie sich erst gewöhnen müssen.

Für das Kind sind der Kontakt mit noch unbekannten Kindern und Erwachsenen, die zwangsläufigen Veränderungen im Tagesablauf und die auch räumlich unbekannte Umgebung erst einmal neu. Im Laufe der Zeit baut das Kind dann eine vertrauensvolle Beziehung zu den neuen Bezugspersonen in Kindertagespflege oder Kindertageseinrichtung auf, wodurch eine grundlegende Voraussetzung für die Fortführung gelingender Bildungsprozesse hergestellt wird. Der erfolgreiche Aufbau einer Beziehung zwischen Fachkraft und Kind erfordert die Verlässlichkeit der neuen Bezugsperson, einfühlsames Verhalten, viel Zeit, die Berücksichtigung unterschiedlicher Tempi sowie die Begleitung und Unterstützung durch die Eltern.

„Der Kindergarteneintritt findet mithin nicht nur am ersten Tag statt, sondern beginnt mit den Vorbereitungen der Familie und endet mit der abgeschlossenen Eingewöhnung des Kindes" (Berger 1984).

Auch für die Eltern stellt dieser Übergang eine neue Situation dar. Die neue Bezugsperson aus Kindertagespflege oder Kindertageseinrichtung baut nun ebenfalls eine intensive Beziehung zu dem Kind auf, die jedoch nicht die enge Bindung und das vertrauensvolle Verhältnis zu den Eltern ersetzen soll oder in Konkurrenz dazu steht. Alle Beteiligten wollen dem Kind möglichst viel Sicherheit in der neuen Situation ermöglichen und seine Gefühle und Ängste ernst nehmen. Eine enge, vertrauensvolle Kooperation der Fachkräfte und Eltern im Sinne einer Bildungs- und Erziehungspartnerschaft ist gerade in Übergangssituationen besonders wichtig.

Damit das Kind sich in der neuen Situation zurechtfindet, die neuen Anforderungen verstehen und bewältigen kann, bedarf es der Unterstützung der Familie durch die Kindertagespflege oder die Kindertageseinrichtung. Dazu ist eine hohe Sensibilität für mögliche Unsicherheiten bei den Eltern und für die Bedürfnisse der Kinder erforderlich. Es liegt in der Verantwortung der Kindertagespflege und Kindertageseinrichtungen, den Prozess des Übergangs von der Familie in die erste außerfamiliäre (institutionelle) Betreuung konzeptionell umzusetzen.

Die folgenden Fragen lenken den Blick auf die Perspektive der Kinder und Eltern und können als Leitfaden für die fachlich fundierte Gestaltung von Übergängen dienen:

- Welche Personen sind beteiligt?
- Welche Personen bewältigen den Übergang und welche Personen begleiten und moderieren ihn?
- Welche Entwicklungsaufgaben sind von wem auf welcher Ebene zu bewältigen?
- Wann ist der Übergang erfolgreich abgeschlossen?

Von der Kindertagespflege in die Kindertageseinrichtung

Der Übergang von der Kindertagespflege in eine Kindertageseinrichtung bringt für das Kind erneut Veränderungen mit sich. Das Kind wechselt wieder die Bezugsperson und muss eine neue Bindung aufbauen; es lernt neue Kinder und eine größere Gruppe von Kindern kennen, muss sich an andere Räume und Abläufe gewöhnen. Sind diese Veränderungen zu umfangreich und wird das Kind relativ unvorbereitet damit konfrontiert, kann dies negative Auswirkungen auf den kindlichen Entwicklungsprozess haben. Deshalb muss auch dieser Übergang von allen Beteiligten (Tagespflegeperson, Fachkräfte, Eltern) gemeinsam sensibel und individuell gestaltet werden. Wichtig sind gegenseitiger Austausch, rechtzeitige Informationen zum geplanten Wechsel, klare, verlässliche Absprachen und die Begleitung des Kindes. Das Kind muss in das Geschehen mit einbezogen und seine Sorgen und Ängste sollten behutsam aufgegriffen werden (Gespräche über den Wechsel in die Kita, Besuch der neuen Einrichtung mit Eltern und/oder Tagespflegeperson, Abschiedsfeier). So kann das Kind diesen Übergang als Chance erleben und sich selbstbewusst und offen neuen Herausforderungen stellen.

Von der Kindertageseinrichtung in die Grundschule

Jedes Kind hat mit Erreichen des schulpflichtigen Alters ein Recht auf schulische Bildung. Alle schulpflichtigen Kinder werden in Nordrhein-Westfalen in die Schulen im Primarbereich aufgenommen. Zurückstellungen vom Schulbesuch werden nur in Ausnahmefällen aus erheblichen gesundheitlichen Gründen vorgenommen. Individuelle Beeinträchtigungen oder Behinderungen stellen keine Eingangshürde dar, da viele Schulen im Primarbereich sich auf den Weg zu einem inklusiven Bildungssystem gemacht haben. Das Gemeinsame Lernen von Kindern mit und ohne Behinderung an Schulen wird immer weiter

ausgebaut. Daher ist die allgemeine Schule der Regelförderort.

Eltern von Kindern mit festgestelltem Bedarf an sonderpädagogischer Unterstützung können auch die Förderschule wählen. Eine Beeinträchtigung oder Behinderung hat aber nicht automatisch zur Folge, dass ein Bedarf an sonderpädagogischer Unterstützung festgestellt werden muss. Vielmehr arbeiten – insbesondere in der Schuleingangsphase – an Grundschulen des Gemeinsamen Lernens Lehrkräfte der allgemeinen Schule und Lehrkräfte für Sonderpädagogik in gemeinsamer Verantwortung zusammen, um die Lernprozesse – ausgerichtet am einzelnen Kind mit seinen individuellen Lern- und Entwicklungsmöglichkeiten – erfolgreich zu begleiten und zu gestalten. Im Rahmen der Kooperation beim Übergang zwischen Kindertageseinrichtung und Grundschule werden auch Kinder mit Lern- und Entwicklungsstörungen und Behinderungen und deren Eltern so unterstützt und beraten, dass die Kinder in der Grundschule vom ersten Tag an mit besten Voraussetzungen lernen und sich entwickeln können. Dazu gehört ein offener Austausch zwischen Eltern, „abgebender" und „aufnehmender" Institution – gegebenenfalls auch unter Einbezug außerschulischer Kooperationspartner – mit dem Ziel, in inklusiven Settings den Bildungsprozess des Kindes ohne Brüche weiterzuführen.

Kinder, die in die Schule kommen, stehen in der Kontinuität längst begonnener Bildungsprozesse, die weiterzuführen sind. Mit diesem Verständnis des Übergangs von der Kindertageseinrichtung in die Schule können Ansatzpunkte für ein gemeinsames Handeln über institutionelle Grenzen hinweg entwickelt werden. Kinder freuen sich im Allgemeinen auf die Schule und sind in der Regel hochmotiviert. Eine von beiden Institutionen abgestimmte und transparente Informationsübermittlung unterstützt das Vertrauen der Eltern in die Leistungsfähigkeit ihrer Kinder und kann zu einer positiven Einstellung im Hinblick auf den Schulbeginn beitragen.
Je besser der Austausch und die Kooperation zwischen den am Übergang beteiligten Akteuren vor und nach der Einschulung des Kindes funktionieren und je mehr Berührungspunkte das Kind vor dem ersten Schultag mit seiner Grundschule hat, desto leichter fällt dem Kind der Übergang.

Hier können Fach- und Lehrkräfte im Elementar- und Primarbereich gemeinsam planen und reflektieren:

- Welche gemeinsamen Vorhaben (Feste, Feiern, Tage der Offenen Tür) können durchgeführt werden?
- Wann und wie kann eine Teilnahme der Kinder aus der Tageseinrichtung an Schulaktionen (Projekte, Schulveranstaltungen etc.) ermöglicht werden?
- Bei welchen Anlässen können Erstklässler ihre ehemalige Kindertageseinrichtung besuchen und dort von ihren Erfahrungen berichten?
- In welchen Bereichen kann die Zusammenarbeit gewinnbringend intensiviert werden (z.B. gemeinsame Konzepte, gegenseitige Beratung)?
- Wie kann wechselseitig über Bildungs- und Erziehungsarbeit informiert und sich ausgetauscht werden?
- Wie kann ein gemeinsamer Kooperationskalender gestaltet und ritualisiert werden?
- Wie kann die Zusammenarbeit mit Eltern institutionsübergreifend professionell gestaltet und etabliert werden?
- Wie können gemeinsame Elterninformationen/Elternabende gestaltet werden?

Von der Grundschule in die weiterführende Schule

Der Übergang von der Grundschule in eine weiterführende Schule ist häufig mit hohen Erwartungen aller Beteiligten verbunden. In die Entscheidungsprozesse über die weitere Schullaufbahn eines Kindes fließen vielfältige Faktoren ein, wie zum Beispiel Unsicherheiten in Bezug auf die zu erwartende weitere Entwicklung des Kindes, Bildungserfahrungen und -erwartungen der Eltern, äußere Bedingungen wie die Länge des Schulweges oder der Erhalt bestehender sozialer Beziehungen. Grundschule und weiterführende Schule haben die Aufgabe, die Kinder und Eltern kontinuierlich zu beraten, um die Entscheidung über den weiteren schulischen Weg möglichst einvernehmlich zum Wohle des Kindes, entsprechend seiner Begabungen und seiner Kompetenzen, zu treffen.

Mit dem Halbjahreszeugnis der Klasse 4 erhalten die Eltern eine begründete Empfehlung für den weiteren Bildungsweg ihres Kindes. Dabei werden nicht nur die erbrachten Leistungen in Bezug auf die fachlichen Kompetenzerwartungen in den Lehrplänen, sondern auch die Lernentwicklung und die für den schulischen Erfolg wichtigen allgemeinen überfachlichen Kompetenzen der Kinder berücksichtigt. Die begründete Empfehlung steht am Ende eines kontinuierlichen Beratungsprozesses zwischen der Grundschule und dem Elternhaus und soll den Eltern helfen, die richtige Schulform für ihr Kind zu wählen und eine geeignete Schule zu finden. Sie ist als Hilfestellung der Grundschule gedacht, aber nicht bindend. Nach der Beratung durch die Grundschule können die Eltern ihr Kind an einer weiterführenden Schule ihrer Wahl anmelden. Dort wird im Rahmen der Aufnahmekapazität entschieden, ob das Kind angenommen wird.

Auch für diesen Übergang gilt, dass gute und vielfältige Kooperation und Kommunikation aller Beteiligten maßgeblichen Einfluss auf die weitere Bildungsbiografie des Kindes haben. Dies gilt sowohl für die Vorbereitung als auch bei der Begleitung des Übergangs und nach dem Start in der weiterführenden Schule. So können zum Beispiel in Kooperationsgesprächen zwischen Grundschule und weiterführender Schule im Sinne einer anschlussfähigen Bildungsarbeit pädagogische Fragen zum Übergang geklärt werden.

Bildung wird im Team gestaltet – Akteure, Partnerschaft und Kooperation

Eltern und Familien sind Experten und aktive Partner (Bildungs- und Erziehungspartnerschaften)
Eltern haben eine zentrale Bedeutung für eine erfolgreiche Bildungsbiografie ihres Kindes. Fach- und Lehrkräfte ergänzen sie mit ihrer spezifischen Verantwortung und ihren Kompetenzen. Die Zusammenarbeit mit Eltern wird von der Kindertagespflege in Familienzentren und Kindertageseinrichtungen an, über die Grundschule bis zu den weiterführenden Schulen und gegebenenfalls in die berufliche Bildung hinein kontinuierlich und aufbauend im Rahmen einer örtlichen Bildungslandschaft gestaltet.

Ein zentrales Instrument ist die Entwicklung von Bildungs- und Erziehungspartnerschaften zwischen Familie, Kindertagespflege, Kindertageseinrichtung und Schule. Bildungs- und Erziehungspartnerschaften verfolgen das Ziel, die individuelle Bildungsbiografie des Kindes gemeinsam und nachhaltig zu begleiten und Anschlussperspektiven zu eröffnen, zu sichern und zu optimieren. Bildungs- und Erziehungspartnerschaften mit Eltern müssen insbesondere die sozialen und kulturellen Besonderheiten der jeweiligen Elterngruppen in Kindertageseinrichtung, Kindertagespflege, Schule und Sozialraum berücksichtigen. Hierzu bieten die familienbezogenen Fachin stitutionen als weitere Bildungs- und Erziehungspartner den Eltern (als Ansprech- und Unterstützungssystem) sowie den Fach- und Lehrkräften (als systemische Kooperationspartner) zusätzliche Angebote zur Unterstützung.

Eine möglichst aktive Beteiligung und Mitwirkung der Eltern – auch derer, die sich aus verschiedenen Gründen bisher nicht an einer Bildungs- und Erziehungspartnerschaft beteiligt haben – sollte angestrebt werden. Hierzu bieten sich unterschiedliche Gestaltungsmöglichkeiten an, die der Einbeziehung dienen, auf einen offenen und partnerschaftlichen Dialog ausgerichtet sind und niederschwellige Angebote beinhalten, zum Beispiel Elterncafé, „Tür- und-Angel-Gespräche", Hospitationen.

Ohne Eltern geht es nicht

Erziehung, Bildung und Werteorientierung in der Familie bilden die Grundlage für alle Prozesse, die in der Kindertagespflege und den öffentlichen Einrichtungen begleitet und gefördert werden. Auch für die Schulen im Primarbereich gilt, dass Eltern in den Prozess einbezogen werden müssen. Erfahrungen, die das Kind in der Familie macht, bestimmen wesentlich seine Entwicklung und damit auch seinen späteren Bildungserfolg mit. Im Zusammenleben in der Familie finden grundlegende Bildungsprozesse statt, die entscheidenden Einfluss auf die Entfaltung und (Weiter-)Entwicklung der Fähigkeiten und Kompetenzen eines Kindes haben. Darüber hinaus treffen Eltern wichtige Entscheidungen über den jeweiligen Bildungsverlauf ihres Kindes, zum Beispiel bei der Wahl der Bildungsinstitutionen oder indem sie sich an der Bildungsarbeit in den entsprechenden Institutionen aktiv beteiligen oder nicht. Eltern sind in der Regel die ersten und wichtigsten Bezugs- und Bindungspersonen für ihre Kinder und damit wesentliche Bildungspartner. Ihr Wissen und ihre Kenntnis über ihr Kind bedeuten für Fach- und Lehrkräfte einen wichtigen Beitrag, um dem jeweiligen Kind anknüpfende, lebensnahe Erfahrungen und Bildungsprozesse in Kindertageseinrichtungen, Kindertagespflege und Schule zu ermöglichen.

Auch eine ganztägige Betreuung – in Kindertagespflege, Kindertageseinrichtung oder Offener Ganztagsschule – verringert nicht die Verantwortung der Eltern, ihren elterlichen Einfluss und die familiäre Prägung. Eltern sind die „natürlichen" Erzieherinnen und Erzieher. Sie sind die ersten Bezugspersonen des Kindes; ihr Verhalten und ihre Einstellungen sind Vorbild, prägen das Weltbild des Kindes maßgeblich und erhalten dadurch großes pädagogisches Gewicht. Das Kind erwirbt in seiner Familie Kompetenzen und Einstellungen, die für sein weiteres Leben bedeutsam sind, wie zum Beispiel Traditionen, Werte, Normen und Ideale, Regeln, Lernmotivation, Neugierde, Interessen, Selbstbewusstsein, Leistungsbereitschaft, Sprachfertigkeiten, soziale Fähigkeiten etc.

„Die Eltern" gibt es nicht

Familienleben ist von vielfältigen Herausforderungen geprägt. Es gibt nicht „die Eltern", sondern Familien in unterschiedlichen Lebenssituationen mit unterschiedlichen Bewältigungsaufgaben (z.B. Arbeitslosigkeit, Arbeitsplatzwechsel, Scheidung, schwere Krankheit). Auch in Bezug auf die Erziehungshaltung gibt es große Unterschiede innerhalb der Elternschaft. Im Hinblick auf die Gestaltung einer Bildungs- und Erziehungspartnerschaft sind diese subjektiven Sichtweisen von enormer Bedeutung, um familiäre Lernkulturen und Zugangsweisen zu Bildung und Erziehung zu verstehen und in einen Dialog treten zu können. Eltern wollen den partnerschaftlichen Dialog und eine enge Zusammenarbeit aller Beteiligten im Sinne einer gemeinsamen Verantwortung zum Wohle des Kindes.

Eltern wollen das Beste für ihr Kind. Sie bringen viel Bereitschaft und Motivation auf, um ihrem Kind bestmögliche Bildungs- und Entwicklungschancen zu bieten. Aufgabe der Fach- und Lehrkräfte ist es, hieran anzuknüpfen und bei Bedarf das notwendige Wissen sowie Kompetenzen für die Gestaltung gelingender Bildungsprozesse zu vermitteln und in den Prozess gemeinsamer Bildungsförderung einzubringen.

Bildungs- und Erziehungspartnerschaft bedeutet auch, dass das Kind die Zusammenarbeit zwischen seinen Eltern und der Kindertagespflege, der Kindertageseinrichtung, dem Ganztagsangebot oder der Schule als positiv und vertrauensvoll erlebt. Das Kind steht im Mittelpunkt und ist Ausgangspunkt für die Überlegungen und Handlungen aller Beteiligten. Eine positive Einstellung und Offenheit der Akteure sowie die Verständigung über grundsätzliche erzieherische Haltungen sind wichtig, um möglichst aufeinander abgestimmt handeln zu können.

Im Sinne der Förderung des Kindes ist es unabdingbar, dass sich Familien und Fach- und Lehrkräfte regelmäßig austauschen, den jeweiligen Entwicklungsstand des Kindes gemeinsam erörtern und gegebenenfalls unterschiedliche Erwartungen und Erfahrungen von Kindertagespflege bzw. der Institution und der Familie feststellen sowie den weiteren Entwicklungsprozess gemeinsam besprechen. Auch eine Unterstützung des Kindes außerhalb der Tagesbetreuung bzw. der Institution sollte Thema der Gespräche sein, um eine individuell optimale Förderung erreichen zu können.

Für Bildungs- und Erziehungspartnerschaften gelten folgende Leitsätze:

- Die Eltern sind als Expertinnen und Experten ihres Kindes anerkannt und wertgeschätzt. Die Erfahrungen aus der familiären Lebenswelt werden in der pädagogischen Arbeit anerkannt und genutzt.
- Die pädagogische Arbeit wird transparent gestaltet.

- Fach- und Lehrkräfte führen regelmäßige Entwicklungsgespräche mit den Eltern, um ihnen einen vertieften Einblick in den Bildungs- und Erziehungsprozess ihres Kindes zu ermöglichen.
- Nach Möglichkeit soll die pädagogische Arbeit von Eltern mitgestaltet und diese aktiv beteiligt werden. Eigene Ideen der Familien finden Raum und Wertschätzung.
- Die Zusammenarbeit mit Eltern und die Angebote von Kindertageseinrichtungen orientieren sich möglichst an den Bedürfnissen und Lebenssituationen der Familien.
- Die Kindertageseinrichtung und die Offene Ganztagsgrundschule werden als Orte der Begegnung für Familien geöffnet. Der Kontakt zwischen Familien und Institution wird ermöglicht und gefördert.
- Zwischen Kindertagespflege, Kindertageseinrichtung, Ganztagsangebot, Schule und Eltern werden Vereinbarungen über gemeinsame Erziehungsgrundsätze getroffen.
- Die Zusammenarbeit mit Eltern wird niederschwellig gestaltet; aufsuchende Angebote aus konkreten Anlässen oder auch zu Themen, die zunächst nichts mit Bildungsarbeit zu tun haben (z.B. Beratung in alltäglichen Dingen), sind möglich.
- Bildungs- und Erziehungspartnerschaft ist auf Dauer angelegt.
- Die Zusammenarbeit mit Eltern nimmt die Schnittstellen im Übergang von der Kindertagespflege zur Kindertageseinrichtung und zur Schule besonders in den Blick.

Bildungs- und Erziehungspartnerschaften bieten viele Gestaltungsspielräume. Voraussetzung für eine gute Zusammenarbeit ist der regelmäßige Dialog aller am Prozess Beteiligten. Darüber hinaus ist es erstrebenswert, Wünsche und Ideen der Eltern – auch mittels Elternbefragungen – zu erkunden, Schul- oder Kita-Feste gemeinsam mit den Eltern zu organisieren und zu gestalten. Hinzuweisen ist aber auch darauf, dass die Beteiligung der Eltern durch gesetzliche Grundlagen und klare Mitbestimmungsstrukturen geregelt ist. Kindertageseinrichtungen und Schulen unterstützen Erziehungsberechtigte, Funktionen und Ämter zu übernehmen, und beziehen sie aktiv in die Gremienarbeit mit ein.

Die Besten für unsere Kinder – professionelle und engagierte Fach- und Lehrkräfte

Die Begleitung und Förderung kindlicher Bildungsprozesse stellt hohe professionelle Anforderungen an die Fach- und Lehrkräfte. Sie haben eine verantwortungsvolle, aktive und vorbildhafte Rolle. Ihr Einfluss auf das Ergebnis und die Qualität des Bildungs- und Erziehungsprozesses ist weitreichend.

Professionalität als Voraussetzung für Qualität

Aspekte der Professionalität von Fach- und Lehrkräften

Für die Professionalität der Fach- und Lehrkräfte sind – neben Gender- und interkultureller Kompetenz – insbesondere folgende drei Aspekte von zentraler Bedeutung, die ineinandergreifen und eine Trias bilden: Haltung, Wissen, Handeln!

Professionelle Haltung gegenüber dem Kind bedeutet:

- Interesse am Kind und seinem Entwicklungsprozess zu zeigen,
- die subjektive Weltsicht des Kindes anzuerkennen,
- die kindliche Selbstständigkeit zu akzeptieren,
- die Individualität des Kindes und
- die Kinderrechte zu achten.

Akzeptanz und ein positiver Umgang mit sozialen, kulturellen und individuellen Unterschiedlichkeiten der Kinder (Alter, Geschlecht, Begabungen, Beeinträchtigungen, Behinderungen, Fähigkeiten), Offenheit für unterschiedliche Charaktere, professionelle Empathie und eine hohe Reflexivität der eigenen Haltung gegenüber Kindern und Eltern sind Voraussetzungen, um erfolgreich mit der Heterogenität von Kindern umgehen zu können.

Professionelles Wissen beinhaltet Kenntnisse über:

- Kindheit, alters- und geschlechtsspezifisch geprägte Entwicklungs- und Bildungsprozesse,
- die Bedeutung sozialer Kontexte sowie Bindungstheorien,
- die Voraussetzungen für die Entwicklung von Resilienz sowie
- didaktische und methodische Kompetenzen.

Das professionelle Wissen umfasst auch die Fähigkeit, das Fachwissen in Bezug auf die Zielgruppen, soziale Rahmenbedingungen und institutionelle Ziele zu reflektieren und im Hinblick auf die Gestaltung von Bildungsprozessen anzuwenden und weiterzuentwickeln.

Professionelles Handeln ist gekennzeichnet durch gemeinsame und wechselseitige Interaktion der Fach- und Lehrkräfte mit dem Kind und den Eltern. Fach- und Lehrkräfte sind dabei nicht nur Arrangeure der räumlichen Umgebung und interessierte und zuverlässige Beziehungs- und Interaktionspartner des Kindes, sondern auch Beobachter, die durch situative Anpassungsfähigkeit individuelle Anstöße zur Unterstützung und Förderung und Entfaltung der Selbstbildungspotenziale des Kindes geben können.

Fachkräfte handeln professionell, wenn sie:

- dem Kind Sicherheit und emotionale Geborgenheit geben, Vertrauen schenken und das Kind ermutigen,
- Orientierung und Halt bieten und einen Rahmen sowie Regeln und Strukturen vorgeben,
- eine anregende Umgebung und eine Gemeinschaft mit den anderen Kindern schaffen,
- dem Kind Freiraum geben, um Neues zu entdecken,
- die Eigentätigkeit des Kindes anerkennen,
- Themen des Kindes aufgreifen und gemeinsam mit dem Kind weiterentwickeln,
- die Fragen und Vorschläge von Kindern ernst nehmen und gemeinsam mit dem Kind nach Lösungswegen suchen,
- weitere Impulse in den unterschiedlichen Bildungsbereichen setzen, um das Kind in der Weiterentwicklung seiner Fähigkeiten und Fertigkeiten zu unterstützen.

Wesentliche Grundorientierung zur Unterstützung kindlicher Bildungsprozesse
Bildungsprozesse von Kindern zu unterstützen, bedeutet, sie Verantwortung für sich und andere übernehmen zu lassen und ihnen Gestaltungsfreiheiten zu überlassen. Dies muss von den Fach- und Lehrkräften erwünscht und gefördert werden und setzt somit eine partizipative Grundhaltung und einen entsprechenden Umgang miteinander voraus.

Zu dieser professionellen Einstellung gehört:

- das eigene Selbstverständnis von Bildung und Handeln zu reflektieren und weiterzuentwickeln,
- die Grenzen der eigenen Profession zu erkennen,
- zu reflektieren, inwiefern Angebote und Handeln bestimmte Zielgruppen ausschließen,
- mit anderen Berufsgruppen und Beratungsdiensten zu kooperieren, ohne die eigene Kompetenz zu vergessen bzw. die anderer zu dominieren,
- Netzwerkkompetenzen zu entwickeln,
- die Erfordernisse einer gemeinschaftlichen Arbeit im Team zu erkennen,
- sich mit neuen Methoden und Konzepten kritisch auseinanderzusetzen,
- sich selbst als Expertin/Experten und Lernende/Lernenden zugleich zu sehen,
- die Interessen des eigenen Berufes zu vertreten,
- eigene Standpunkte aus den Erfahrungen der fachlichen Arbeit zu formulieren und in Diskussionen mit Eltern, Fach- und Lehrkräften und anderen Kooperationspartnern zu artikulieren,
- sich der eigenen Vorbildfunktion bewusst zu sein und
- die eigene Rollenfunktion als Vorbild für „weiblich" bzw. „männlich" kritisch zu reflektieren.

Aus-, Fort- und Weiterbildung
Gesellschaftliche Rahmenbedingungen, wissenschaftliche Erkenntnisse, pädagogische Modelle und Konzepte entwickeln sich ständig weiter und sind Veränderungen unterworfen, die Einfluss auf die alltägliche pädagogische Praxis haben. Es ist notwendig, sich dieser Veränderungen bewusst zu werden, sich auf sie einzustellen, aber auch die Wirkung neuer Methoden hinterfragen zu können. Dies gelingt nur durch das Studium aktueller Fachliteratur und den Besuch von Fort- und Weiterbildungen. Berufliche Qualifikation sowie Fort- und Weiterbildung sind als ein lebenslanger Prozess zu verstehen, der eine entscheidende Voraussetzung für die Qualität der pädagogischen Arbeit bildet.
Zur Gewährleistung der Kontinuität der Bildungsprozesse von Kindern auf Grundlage eines gemeinsamen Bildungsverständnisses bedarf es institutions- und trägerübergreifender Fortbildungen, in denen die Gemeinsamkeiten des Elementar- und Primarbereichs verdeutlicht, herausgearbeitet und weiterentwickelt werden. Lernprozesse zu initiieren gelingt aber nur dann, wenn beide Bereiche den Wert der Gemeinsamkeiten (an-)erkennen und für sich auch tatsächlich nutzen. Zur Umsetzung der benannten Bildungsbereiche benötigen die Fach- und Lehrkräfte vertiefte Sachkenntnisse sowie Methoden und Fähigkeiten, um Kindern altersangemessene Erklärungen zu bieten und ihr Interesse zu wecken und zu erhalten.

Kindertageseinrichtung und Schule als lernende Institutionen

Die Planung, Ausgestaltung und Durchführung der Fort- und Weiterbildung im Elementarbereich wird von den Trägern in eigener Verantwortung durchgeführt. Sie sind dazu angehalten, die Fachkräfte fortlaufend im Hinblick auf die Umsetzung des Bildungs-, Erziehungs- und Betreuungsauftrages fortzubilden.

Besonderheiten in der Fort- und Weiterbildung der Lehrkräfte im Primarbereich

Die eigenverantwortlichen Schulen in Nordrhein-Westfalen legen die Ziele, Schwerpunkte und Organisationsformen ihrer Arbeit in einem Schulprogramm fest. Dazu gehört auch eine Fortbildungsplanung: Welche Kompetenzen können im Kollegium ergänzt werden? Welche Qualifikationen können über die Besetzung freier Stellen für die Schule gewonnen werden? Welche Kompetenzen können Teilen des Kollegiums vermittelt werden, damit alle Lehrerinnen und Lehrer zur Qualitätsentwicklung beitragen können und ihre Berufszufriedenheit erhöht wird?

Systemische Fortbildung ist gemeinsame Angelegenheit des Kollegiums. Sie dient auch in Zukunft selbstverständlich der persönlichen Weiterbildung, in erster Linie aber ist sie Motor der Entwicklung der einzelnen Schule. Es ist Pflichtaufgabe, eine verbindliche Fortbildungsplanung für die ganze Schule als Teil der Schulprogrammarbeit zu erstellen. Neben zentralen Veranstaltungen zum Beispiel zu Leitungsqualifikationen, die von den Bezirksregierungen verantwortet werden, ist die Fortbildung regionalisiert worden. Dazu wurden in allen Schulämtern ortsnahe Kompetenzteams angesiedelt.

Konzepte für Fortbildung entwickeln

Die Kompetenzteams helfen Schulen bei der Entwicklung ihres aktuellen Fortbildungskonzepts und unterstützen sie bei der Realisierung dieser Fortbildungsplanung. In den Offenen Ganztagsschulen im Primarbereich kommt der gemeinsamen Fort- und Weiterbildung von Lehrkräften und den im Ganztag tätigen Fachkräften besondere Bedeutung zu. Die Gestaltung des Ganztags ist eine gemeinsame Aufgabe aller Verantwortlichen. Hierfür ist eine gemeinsame Teamkultur Voraussetzung. Zur Unterstützung der Lehrkräfte in dem Entwicklungsprozess hin zu einer inklusiven Schule wurde eigens ein Fortbildungsangebot entwickelt. Die hierfür ausgebildeten Moderatorinnen und Moderatoren stehen den Schulen über die Kompetenzteams zur Verfügung.

Neben den Kompetenzteams unterstützen weitere Partner, die bedarfsgerechte Fortbildungsangebote entwickeln und vorhalten, die Schulen: Eine Zusammenarbeit erfolgt mit den Kirchen auf der Grundlage der gültigen Vereinbarungen sowie mit Kommunen, Stiftungen, Verbänden, Weiterbildungsträgern und Wirtschaftsunternehmen.

Hand in Hand – Fach- und Lehrkräfte arbeiten zusammen

Alle am Bildungsprozess Beteiligten tragen gemeinsam Sorge und Verantwortung dafür, dass dem Kind ein möglichst kontinuierlicher Bildungsprozess ermöglicht wird. Eine hohe Bedeutung kommt dem Übergang vom Elementar- in den Primarbereich und dem Zusammenwirken der beiden beteiligten Institutionen zu. Lehr- und Fachkräfte spielen in dieser Kooperation eine besondere Rolle.

Eine Zusammenarbeit gewinnt an Professionalität, wenn sie langfristig angelegt wird, indem zum Beispiel gemeinsame Vorhaben für ein Jahr im Voraus geplant werden. Gegenseitige Hospitationen, Vorstellung der jeweiligen pädagogischen Konzepte und ein Austausch auf „Augenhöhe" erleichtern dabei den Einstieg in eine inhaltliche Auseinandersetzung.

Gemeinsames Nachdenken über das pädagogische Handeln und eine gemeinsame „Bildungsphilosophie" stärken beide Bereiche im Interesse des Kindes. Es macht sie sensibler für die gesamte Zeit des Aufwachsens des Kindes und konzentriert den Blick nicht alleine auf die Zeit, in der sie jeweils den Prozess begleiten. Dies eröffnet die Chance der Kontinuität und der Anschlussfähigkeit.

Elementar- und Primarbereich haben ihre besonderen Stärken, von denen die jeweils andere Institution profitieren kann. Gemeinsamkeiten bei Bildungsprozessen zu erkennen und zu nutzen, kann helfen, ein gemeinsames Bildungsverständnis zu entwickeln. Unterschiede in der pädagogischen Konzeption zu erkennen, bedeutet zugleich auch, das jeweils eigene Profil im Dialog schärfen zu können.

Kooperation geht über die üblichen „Schnuppertage" von Kindern in Schulen weit hinaus. Sie umfasst zum Beispiel auch gemeinsame Projekte und Unternehmungen lange vor dem Übergang zur Schule oder gemeinsame kontinuierliche institutionsübergreifende Arbeitsgruppen und Netzwerke. Projekte aus den Bereichen Sport, Spiel, Theater, Musik, gemeinsame Ausflüge, aber auch einzelne Lernvorhaben und Unterrichtsprojekte lassen sich auch jahrgangs- und institutionsübergreifend organisieren und durchführen.
Zudem können zum Beispiel die gemeinsamen Informationsveranstaltungen von Kindertageseinrichtungen und Grundschulen zwei Jahre vor der Einschulung genutzt werden, um Eltern über Fördermöglichkeiten im Elementar- und Primarbereich, insbesondere auch über die Bedeutung kontinuierlich aufeinander aufbauender Bildungsprozesse, zu beraten.

Um einmal eingeleitete Kooperationen langfristig zu sichern, ist es notwendig, sie in verlässliche Strukturen zu fassen. Dies könnte zum Beispiel in Form eines fortlaufenden Kooperationskalenders geschehen oder in der Entwicklung eines Kooperationsbuches, um die Maßnahmen der Zusammenarbeit mit ihren Zielen und Verfahrensabläufen festzuhalten. Die Kooperation darf nicht ausschließlich von den persönlichen Beziehungen der beteiligten Personen abhängen. Schwerpunktsetzungen bei der Zusammenarbeit müssen sich nach den regionalen Gegebenheiten richten. Darüber müssen sich die Partner vor Ort absprechen. Gemeinsame Workshops und Fortbildungen sowie die Unterstützung durch externe Moderatorinnen und Moderatoren können die Auseinandersetzung mit neuen Themen anregen und die Professionalität fördern.

Verlässliche Strukturen schaffen Kooperation in gegenseitiger Wertschätzung

Regionale Bildungsnetzwerke

Kinder wachsen in kommunalen Bildungslandschaften auf, die mehr als Schulen und Kindertageseinrichtungen umfassen. Innerhalb dieser Landschaften ist der Aufbau von Regionalen Bildungsnetzwerken ein wichtiger Schritt hin zu einem verbindlichen Zusammenwirken aller am Prozess des Aufwachsens von Kindern Beteiligten. Dabei geht es nicht allein um Kooperation. Vielmehr geht es um etwas Verbindendes, um ein Aufeinander-Abstimmen der unterschiedlichen Bildungs- und Förderangebote sowie um eine Verbindung der Bildungsorte. Denn ein ganzheitliches Verständnis von Bildung und Erziehung in der Region muss alle regionalen Wirkungsfaktoren einbeziehen, die sich auf die Bildungsbiografie eines Menschen auswirken.
In Nordrhein-Westfalen sind bisher 50 Bildungsnetzwerke gegründet worden. Ziel ist es, in allen Kreisen und kreisfreien Städten die staatlich-kommunale Verantwortungsgemeinschaft vertraglich zu vereinbaren und verbindliche Kooperationsstrukturen festzulegen.
Der Begriff der Regionalen Bildungsnetzwerke bezeichnet Ansätze kommunaler Bildungspolitik, die gleichermaßen schul- und jugendpolitische Fragestellungen aufgreifen und Kindern und Jugendlichen im kommunalen Raum bessere Bedingungen und vielfältige Gelegenheiten für ihre Bildung bieten. Schule und Jugendhilfe sind die beiden zentralen öffentlichen Systeme, um Idee und Programm von Regionalen Bildungsnetzwerken verwirklichen zu können. Eine kommunale Bildungslandschaft wird als solche erst richtig wahrgenommen, wenn möglichst viele Institutionen, wie Einrichtungen und Angebote der Jugendhilfe, Kultureinrichtungen, Institutionen im Bereich der Gesundheitsförderung, des Sports, der Ausbildungs- und Arbeitsförderung, vernetzt werden. Vor diesem Hintergrund kann eine gemeinsame Gestaltung von Bildungsräumen gelingen. In Familienzentren und in der Offenen Ganztagsschule wird die Kooperation von verschiedenen Akteuren vor Ort bereits umgesetzt.

Alle Bildungsakteure legen sich auf Leitziele und einen Qualitätsrahmen fest. Sie bringen Lernortkooperationen voran und initiieren zahlreiche Maßnahmen in Bezug auf bildungspolitische, arbeitsmarktpolitische und sozialpolitische Frage- und Problemstellungen. Sie können bei der Umsetzung der Bildungsgrundsätze eine wichtige Rolle einnehmen.

Für die vorliegenden konzeptionellen Grundlagen sind insbesondere folgende Handlungsfelder bedeutend:,

- Unterstützung als Prozess zur Herausbildung eigenverantwortlicher Schulen,
- gemeinsame Strategien zur Verbesserung der ganzheitlichen individuellen Förderung aller Kinder,
- Übergang von der Grundschule in die weiterführende Schule,
- Übergang von der Kindertageseinrichtung zur Grundschule,
- Förderung der MINT-Fächer (Mathematik, Informatik, Naturwissenschaften und Technik),
- Familienbildung,
- Gesundheitsbildung,
- Förderung von Kindern mit besonderem Unterstützungsbedarf,
- Inklusive Bildung,
- gemeinsame Fortbildungen von Erzieherinnen und Erziehern und Grundschullehrkräften.

C. Bildung gestalten

Starke Kinder – Basiskompetenzen als übergreifende Entwicklungsziele

Das Kind entwickelt seine Fähigkeiten in der Auseinandersetzung mit sich selbst, mit anderen und der Welt in verschiedenen Dimensionen. Diese umfassen Handlungsmöglichkeiten, Wissen, Haltungen, Selbsterkenntnis, Persönlichkeitsentfaltung sowie soziale Beziehungs- und Interaktionsfähigkeiten.
Ausgehend von dem Verständnis der gesellschaftlichen Teilhabe als Leitziel, lassen sich für die Bildungsbegleitung eines Kindes zentrale inhaltliche Bereiche und kompetenzbezogene Schwerpunkte benennen. Es geht um die Entwicklung von individuellen Fähigkeiten sowohl im Sinne einer freien Persönlichkeitsentfaltung als auch im Sinne der Aneignung von spezifischen Fähigkeiten. Dies ist jedoch untrennbar verbunden mit den sozialen Rahmenbedingungen, in denen Bildungsprozesse stattfinden. Das bedeutet, dass das Bildungsgeschehen nicht alleine beim Kind liegt, sondern alle beteiligten Akteure in der Verantwortung stehen, eine anregungsreiche Umgebung zur Verfügung zu stellen und planvoll zu handeln, um die Aneignung von Fähigkeiten bestmöglich zu unterstützen.

Entwicklung von Basiskompetenzen

Kinder entwickeln allgemeine Kompetenzen in einer dynamischen, wechselseitigen Beziehung mit ihrer Lebenswelt, in der Auseinandersetzung mit ihrer Umwelt, in realen Situationen, an realen Fragen und an den für das Kind bedeutsamen Themen. Im Folgenden wird darunter die Entwicklung der Selbst-, Sozial- und Sach-/Methodenkompetenz bezeichnet.

Basiskompetenzen ermöglichen dem Kind, mit sich selbst, mit Anderen und mit den Dingen und Phänomenen der Welt zurechtzukommen, in unterschiedlichen Situationen handlungsfähig zu sein und dabei Vertrauen in die eigenen Fähigkeiten zu entwickeln. Das Kind ist mit entsprechender Unterstützung vom ersten Tag seines Lebens an in der Lage, sich Basiskompetenzen anzueignen.

Selbstkompetenz

Unter Selbstkompetenz werden ein positives Selbstkonzept, Selbstständigkeit und Eigeninitiative verstanden. Es handelt sich um die Fähigkeit und Bereitschaft, für sich selbst verantwortlich handeln zu können sowie das Handeln anderer reflektieren zu können. Die Förderung von Selbstkompetenz trägt zu einer kontinuierlichen Weiterentwicklung der eigenen Handlungsfähigkeit bei und befähigt das Kind, selbst in schwierigen Situationen, auf eigene Fähigkeiten zu vertrauen.

Selbstkompetenz entwickelt sich durch Vorbildfunktion, in der praktischen Anwendung und bewussten Reflexion. Das Kind nimmt seine Umwelt mit allen Sinnen wahr und verarbeitet diese Eindrücke in vielerlei Formen weiter, zum Beispiel durch Bewegung, Spiel oder kreatives Gestalten. Hierbei sucht es Möglichkeiten, diese Erfahrungen zu verbalisieren bzw. diesen körperlich oder auf andere Weise Ausdruck zu verleihen. Hierdurch erfährt das Kind Begrifflichkeiten und baut einen Bezug zum eigenen Körper auf. Das Kind entwickelt Vertrauen in die eigenen körperlichen und geistigen Fähigkeiten und lernt, diese angemessen einzuschätzen. Hierzu gehört, dass es eigene Entscheidungen trifft und Erfolge wie auch Misserfolge erlebt, ohne seinen Forscherdrang und seine Wissbegierde zu verlieren. Das Kind lernt seine Stärken und Schwächen kennen und darauf aufbauend, sich selbst einzuschätzen.

Verantwortung für sich selbst übernehmen

Die Handlungsfähigkeit kann gestärkt werden, indem das Kind Aufgaben eigenverantwortlich übernehmen kann und Verantwortung für Aktivitäten übertragen bekommt. Um riskante Lebenslagen und Belastungen bewältigen zu können und in schwierigen Situationen handlungsfähig zu bleiben, braucht das Kind eine starke Widerstandsfähigkeit, ein Vertrauen in sich selbst und die Bereitschaft, sich neuen Anforderungen zu stellen. Das Kind soll dabei Unterstützung erfahren, Herausforderungen annehmen und mit möglicher Frustration umgehen können. Fach- und Lehrkräfte bieten Kindern die Möglichkeit, Hindernisse eigenständig zu bewältigen, und übernehmen nicht voreilig für das Kind. Dabei sollten Kinder auch Raum haben, um Auseinandersetzungen untereinander austragen zu können.

Die folgenden Orientierungsziele konkretisieren die Leitidee zur Selbstkompetenz:

- positives Selbstkonzept entwickeln,
- sich selbst – auch als Mädchen oder Junge – wahrnehmen,
- sich selbst als handlungsfähig und wirksam erleben,
- Schutzfaktoren und Bewältigungsmechanismen entwickeln,
- Umgang mit Erfolgen und Misserfolgen lernen,
- Kreativität und Fantasie weiterentwickeln,
- eigene Fähigkeiten einschätzen,
- Urteilsfähigkeit und Entscheidungsfähigkeit weiterentwickeln,
- Organisationsfähigkeit entwickeln.

Sozialkompetenz

In Gemeinschaft leben und handeln

Unter Sozialkompetenz wird die Fähigkeit verstanden, in sozialen und gesellschaftlichen Bereichen urteils- und handlungsfähig zu sein, das heißt, Bedürfnisse, Wünsche, Interessen und Erwartungen anderer zu erkennen und im eigenen Verhalten angemessen zu berücksichtigen. Kinder brauchen Gelegenheiten, mit anderen Menschen in Kontakt zu treten und sozialen Austausch zu erleben. Sie treten in Beziehung zueinander und erfahren Reaktionen auf ihr eigenes Verhalten. Sie lernen, Gefühle anderer Menschen zu erkennen, auf diese zu reagieren und so Empathie zu entwickeln. Sie erleben, dass das Zusammenleben in einer Gruppe unter der Bedingung der Einhaltung von Regeln und der Übernahme von Verantwortung verläuft und Prozesse mit gestaltet werden können. Sie vergleichen ihre eigenen Interessen mit Interessen anderer Menschen und können eine Lösung für daraus resultierende Konflikte finden. Die Kinder haben Gelegenheit, Beziehungen aufzubauen, die auf einem respektvollen Umgang miteinander basieren und erfahren einen wertschätzenden Umgang untereinander. Sie treten in Beziehung zu anderen Kindern und Erwachsenen und wählen hierfür angemessene Kommunikationswege. Hierdurch lernen sie, sich auszudrücken, anderen zuzuhören, sich in andere Personen hineinzuversetzen, verschiedene Einstellungen und Interessen von anderen Menschen zu erkennen und zu respektieren.

Die folgenden Orientierungsziele konkretisieren die Leitidee zur Sozialkompetenz:

- Meinungsunterschiede wahrnehmen,
- eigene Interessen in der sozialen Interaktion vertreten,
- sich über Mitwirkung in sozialen Zusammenhängen als zugehörig und selbstwirksam erleben,
- Vorurteile überwinden,
- Formen des gemeinsamen Lebens entwickeln,
- Empathie weiterentwickeln,
- Kommunikationsfähigkeit differenzieren,
- interkulturelle Kompetenz und Rollenkompetenz aufbauen,
- Verantwortung übernehmen,
- Konfliktfähigkeit entwickeln,
- Kooperationsfähigkeit aufbauen,
- Umgang zwischen den Geschlechtern reflektieren.

Sach- und Methodenkompetenz

Unter Sachkompetenz wird die Fähigkeit verstanden, sachbezogen zu urteilen, entsprechend zu handeln und Wissen auf unterschiedliche Situationen zu übertragen.

Methodenkompetenz meint die Fähigkeit, bestimmte fachliche Lern- und Arbeitsmethoden, insbesondere zur selbstständigen Erschließung unterschiedlicher Lern- und Wissensbereiche, anzuwenden und die/den Lernende(n) in die Lage zu versetzen, mit fachlichem Wissen umzugehen.

Das Kind setzt sich neugierig und experimentierend mit verschiedenen Materialien, Werkzeugen und Vorgängen auseinander. Es lernt dabei, gewonnene Erkenntnisse anzuwenden und umzusetzen. Das Kind erweitert sein Wissen, zum Beispiel über Naturvorgänge, Sprache, Technik, Musik, Kunst. Die Lerninhalte knüpfen an die Lebenswirklichkeit des Kindes an. Wird die neugierige, fragende und wissbegierige Haltung des Kindes unterstützt, kann es (mit Hilfestellung) eigenen und Fragen anderer Menschen nachgehen und darauf Antworten und Lösungen finden. Es probiert unterschiedliche Lernwege und reflektiert diese. Das Kind findet Gelegenheiten, Erlerntes zu vertiefen und weiterzuentwickeln sowie verwandte Probleme und Zusammenhänge zu erkennen.

Durch Sachkompetenz werden Kinder in die Lage versetzt, sich ihrer Lebensumwelt gegenüber angemessen zu verhalten. Sachkompetenz bedeutet aber auch die Fähigkeit zur sprachlichen Mitteilung und Verständigung. Kinder lernen dabei, anderen ihre Erfahrungen, Ergebnisse und Erlebnisse mitzuteilen.

Die folgenden Orientierungsziele konkretisieren die Leitidee zur Sach- und Methodenkompetenz:

- Fertigkeiten zur Handhabung von Materialien, Techniken, Gegenständen, Werkzeugen erlernen,
- Komplexität erfassen, mit Komplexität umgehen,
- mit allen Sinnen wahrnehmen,
- verschiedene Handlungsmöglichkeiten ausprobieren und weiterentwickeln,
- (Lern-)Verhalten reflektieren und regulieren,
- Neugierde weiterentwickeln,
- Wissen erwerben, anwenden und transferieren,
- Kommunikationsfähigkeit insbesondere durch Sprache ausbauen,
- Sinnzusammenhänge herstellen und Wissen in diesen Zusammenhängen aneignen und weiterentwickeln.

Sachbezogen urteilen können

Alle drei Kompetenzfelder sind nicht einzeln zu sehen, sondern müssen jeweils mit entsprechenden Rahmenbedingungen für ihre Aneignung und Verwirklichung in Bezug gesetzt werden. Das bedeutet, dass die Kompetenzbeschreibungen nicht als individualisierende Zuschreibung von Lernzielen, sondern als Darstellung von möglichen Bildungsdimensionen gedacht sind, die sich in einem Zusammenspiel von selbstständigem Aneignen, Unterstützung und Begleitung und sozialem Lernen entfalten.

Bildungsprozesse ganzheitlich betrachten

Um die Bildungsprozesse in ihren thematischen, inhaltlichen Schwerpunkten und Ausprägungen darzustellen, wurden sie in zehn Bildungsbereiche gegliedert. Dabei ist zu berücksichtigen, dass diese sich lediglich gedanklich voneinander abgrenzen lassen, sich in der Praxis aber notwendigerweise vielfach überschneiden: Kinder suchen sich Bildungsgegenstände nicht entlang eines Kategoriensystems aus, sondern interessengeleitet und individuell entlang der Erfahrungsmöglichkeiten, die sich ihnen in ihrer alltäglichen Lebens- und Erfahrungswelt bieten. Die inhaltliche Abgrenzung der Bildungsbereiche folgt insofern eher der gedanklichen Logik der Erwachsenen als der Art und Weise, wie ein Kind tatsächlich lernt. Diese Darstellung dient dazu, die Vielfalt der Erfahrungsmöglichkeiten gedanklich zu strukturieren.
Die aufgeführten Bildungsbereiche erheben nicht den Anspruch auf Vollständigkeit und Allgemeingültigkeit. Sie sollen den Fach- und Lehrkräften dabei helfen, die eigene Praxis daraufhin zu überprüfen, ob dem Kind tatsächlich ausreichend Möglichkeit gegeben wird, umfassende und grundlegende Bildungs- und Erfahrungsprozesse zu erleben. So sind die Bildungsbereiche offen für Weiterentwicklungsprozesse und individuelle Anpassung in der jeweiligen Bildungsinstitution.

Kinder entwickeln sich unterschiedlich

Kinder entwickeln sich in den einzelnen Bildungsbereichen unterschiedlich. So gibt es zum Beispiel Kinder, die bereits in der Kindertageseinrichtung lesen oder etwas aufschreiben können, die sich in einem großen Zahlenraum orientieren und die Prinzipien einiger Rechenoperationen verstanden haben. Wiederum andere Kinder sind zum Beispiel sportlich sehr begabt, andere verfügen über ausgeprägte Konfliktlösungsstrategien. Kinder bringen unterschiedliche körperliche, kognitive und sozial-emotionale Voraussetzungen mit. So erfordern Beeinträchtigungen oder Behinderungen von Kindern die Einbindung einzelner Bildungsbereiche in inklusive Settings, das heißt, die Verbindung der ausgewählten Bildungsmöglichkeiten, -materialien und Settings mit einer individuellen Unterstützung bzw. Förderplanung.
In Kindertageseinrichtung und Schule sollen diese unterschiedlichen Voraussetzungen von Anfang an aufgegriffen werden, um Bildungsangebote bereitzustellen, die die Kinder möglichst optimal fördern.

Selbst-, Sozial- sowie Sach- und Methodenkompetenz werden nicht als unabhängig voneinander zu verstehende Entwicklungsbereiche betrachtet. Häufig können mit ein und derselben Aktivität verschiedene Bildungsbereiche und Kompetenzen gefördert werden. So beinhalten zum Beispiel naturwissenschaftliche oder auch technische Fragestellungen in aller Regel auch ökologische Gesichtspunkte. Punktuell und beispielhaft wird in der Darstellung der Bildungsbereiche auf solche Querverbindungen hingewiesen. Eine besondere Bedeutung kommt in allen Bildungsbereichen den sprachlichen Bildungsprozessen zu.

Mit der Durchführung von Projekten, aber auch durch stetiges Aufgreifen von Alltagssituationen können Bildungsprozesse ganzheitlich und übergreifend realisiert werden, sodass verschiedene Ziele mit unterschiedlichen Akzentuierungen möglich sind.
Hierin ähnelt die Darstellung der Bildungsbereiche in gewisser Hinsicht auch der Aufteilung schulischer Lernprozesse in Unterrichtsfächer. So können zum Beispiel im Fach Mathematik selbstverständlich sprachliche Kompetenzen oder – je nach Gestaltung – künstlerische Aspekte berücksichtigt werden. Für alle Bildungsbereiche gilt, dass das Bildungsverständnis eine geschlechterbewusste sowie alters- und entwicklungsgemäße pädagogische Arbeit voraussetzt. Dies wird im Folgenden durch die Illustration der Leitidee sowie deren Konkretisierung verdeutlicht.

Hinweise zu den 10 Bildungsbereichen

Es lassen sich folgende zehn Bildungsbereiche benennen:

1. Bewegung
2. Körper, Gesundheit und Ernährung
3. Sprache und Kommunikation
4. Soziale und (inter-)kulturelle Bildung
5. Musisch-ästhetische Bildung
6. Religion und Ethik
7. Mathematische Bildung
8. Naturwissenschaftlich-technische Bildung
9. Ökologische Bildung
10. Medien

Diese zehn Bildungsbereiche werden im Folgenden genauer erläutert. Die Schwerpunkte eines Bildungsbereichs werden durch die Leitidee beschrieben. Durch die Formulierung von Bildungsmöglichkeiten, Leitfragen zur Unterstützung und Gestaltung von Bildungsmöglichkeiten sowie die Auflistung möglicher Materialien und Settings werden sie konkretisiert und Anhaltspunkte für die praktische Arbeit gegeben. Die Anregungen sind als Impulse zu verstehen, die eigene Arbeit zu reflektieren, das eigene Repertoire zu überprüfen und gegebenenfalls zu erweitern oder zu modifizieren. Die Darstellung der Bildungsbereiche ist dabei jeweils nach folgendem Prinzip aufgebaut:

a) Grundlegende Darstellung der wesentlichen Aspekte des Bildungsbereiches
b) Leitidee
c) Bildungsmöglichkeiten
d) Leitfragen zur Unterstützung und Gestaltung von Bildungsmöglichkeiten
e) Materialien / Settings als Denkanstöße

Leitidee

Die Leitidee beschreibt zentrale Aspekte eines Bildungsbereichs in allgemeiner Form. Auf einer hohen Abstraktionsebene vereint sie die Bildungsarbeit der Kindertagespflege und Kindertageseinrichtungen mit denen der Schulen im Primarbereich. Die Leitidee bietet die Möglichkeit, zentrale Bildungsziele, vor allem aber wesentliche Prinzipien zur Gestaltung von Bildungsprozessen und Haltungen abzuleiten. Die Aufgabe von Fach- und Lehrkräften ist es, aus der Leitidee Bildungsziele und Bildungsangebote so auszuwählen und zu gestalten, dass sie zum einen den spezifischen Entwicklungsstand einer Altersstufe berücksichtigen und zum anderen den individuellen Voraussetzungen des einzelnen Kindes Rechnung tragen. Die Leitidee skizziert also einen Bildungsbereich, der in seiner praktischen Ausgestaltung vor Ort zunehmend komplexer und differenzierter gestaltet werden kann und damit das lernende und sich entwickelnde Kind und zugleich den spezifischen Bildungsauftrag der jeweiligen Institution berücksichtigt. Die Umsetzung der Leitidee birgt somit die Chance, Bildungsprozesse des Kindes weiterzuführen und daran anschließend neue anzustoßen und so Kontinuität in der Bildungsbiografie zu erreichen. Aus der Leitidee können sowohl im Elementarbereich (einschließlich Kindertagespflege) als auch im Primarbereich individuelle Bildungsmöglichkeiten für das Kind geschöpft werden.

Beispielsweise lieben Kinder es, Gedichte und kleine Reime nachzusprechen, selbst Reimwörter zu finden oder Reime zu ergänzen. Hier kann bereits in der Kindertagespflege und Kindertageseinrichtung die Unterscheidung von Lauten unterstützt werden. In der Schule wird die phonologische Bewusstheit weiterentwickelt und stellt eine wichtige Vorläuferfähigkeit dar, um Lesen und Schreiben zu lernen. Kindertageseinrichtung und Grundschule greifen also mit ihren Möglichkeiten Bildungsprozesse auf und führen sie alters- und entwicklungsgemäß fort. In diesem Sinne bauen Bildungsprozesse aufeinander auf und gestalten sich für die Kinder und mit ihnen kontinuierlich. Dies kann auch Thema der gemeinsamen Informationsveranstaltung für Eltern von Kindertageseinrichtung und Grundschule sein, um zu zeigen, wie Bildungsprozesse kontinuierlich weitergeführt werden.

Bildungsmöglichkeiten

Aus der fachlichen Auseinandersetzung mit den Bildungsbereichen ergeben sich für jeden Bereich spezifische Bildungsmöglichkeiten. So sind Alters- und Entwicklungsangemessenheit der Bildungsanregungen Voraussetzung für das Gelingen eines Bildungsprozesses. Das bedeutet für Fach- und Lehrkräfte, für die Kinder – je nach ihren individuellen Stärken unterschiedlich – differenzierte Bildungsmöglichkeiten zu schaffen.

Um für den Elementarbereich eine Verbindlichkeit für den Bildungsauftrag vor Ort zu erreichen, haben Kindertageseinrichtungen und Kindertagespflege zum Ziel, Kindern bestimmte Bildungsmöglichkeiten zu bieten. Jedem Kind soll im Rahmen seiner individuellen Voraussetzungen die Möglichkeit für vielfältige Bildungsprozesse gegeben werden. Chancengleichheit der Kinder wird dadurch gesichert, dass diese individuell betrachtet und keine Leistungsziele definiert werden, die alle Kinder gleichermaßen erreichen müssen.

Im schulischen Bereich werden Bildungsprozesse auf der Grundlage der Richtlinien und Lehrpläne gestaltet. Darin sind Kompetenzerwartungen im Sinne tragfähiger Grundlagen für erfolgreiches (Weiter-)Lernen für das Ende der Schuleingangsphase und das Ende der Klasse 4 formuliert. Es ist Aufgabe der Lehrerinnen und Lehrer, das Lernen in der Grundschule gemeinsam mit den Kindern so zu gestalten, dass unter Berücksichtigung der individuellen Lernausgangslagen und der Interessen der Schülerinnen und Schüler die grundlegenden Kompetenzen möglichst erreicht werden.

Insgesamt gesehen verlaufen Bildungsprozesse dann besonders erfolgreich, wenn die gewählten Themen und Inhalte das Interesse des Kindes wecken, angebotene Spiel-, Lern- und Sozialformen den (Lern-)Voraussetzungen und dem Entwicklungsstand angemessen sind, unterschiedliche Zugangsweisen ermöglicht werden und die Angebote das Kind weder über- noch unterfordern.

Leitfragen zur Unterstützung und Gestaltung von Bildungsmöglichkeiten

Die Leitfragen zur Gestaltung und Unterstützung von Bildungsprozessen dienen als Reflexionsfragen, um die vergangene Arbeit zu evaluieren bzw. die anschließende Weiterarbeit zu planen. Diese Fragen sollen Fach- und Lehrkräfte in der Gestaltung der Bildungsarbeit unterstützen. Da es sich um einen Bildungsprozess handelt, sind diese Reflexionsfragen kontinuierlich Teil der Arbeit.

In Bezug auf die jeweiligen Bildungsbereiche können die Leitfragen zum Beispiel folgende Bereiche betreffen:

- Welche Themen/Inhalte sind besonders gut geeignet, um bestimmte Bildungsprozesse anzuregen?
- An welche Vorerfahrungen und Interessen des Kindes kann angeknüpft werden?
- Wie können Räume optimal zur Gestaltung von anregenden Spiel- und Lernumgebungen genutzt werden?
- Welche Alltagsmaterialien lassen sich gut für Bildungsangebote nutzen?
- Welche Sozialformen sind in der (Lern)-Gruppe besonders geeignet?
- Welche Informationen über den Entwicklungsstand des Kindes benötige ich zur Planung?
- Welche Bildungsziele wurden bereits angestrebt und welche lassen sich darauf sinnvollerweise aufbauen?
- Welche besonderen Angebote brauchen Kinder, um sie in ihrem individuellen Bildungsprozess zu unterstützen?
- Wie können Eltern einbezogen werden und welche Anregungen und Hinweise können die Eltern geben?

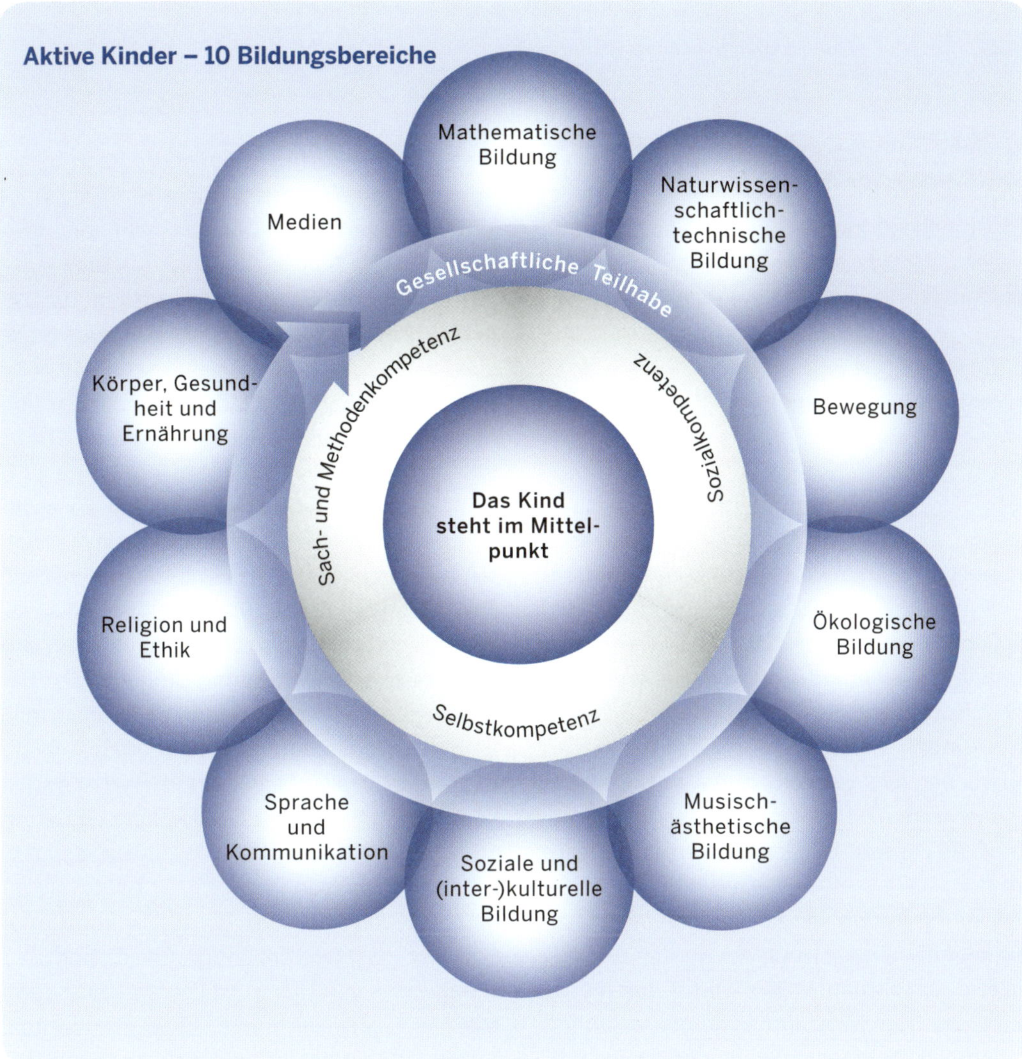

Settings und Materialien

Die Anregungen in Form von Settings und Materialien runden die Konkretisierungen in Form eines Ideenpools zur Gestaltung von Spiel- und Lernphasen, zur Raumgestaltung und zum Besuch außerinstitutioneller Bildungsräume ab. Diese sind immer in Bezug zu den vorhandenen Materialien zu setzen und können situationsgemäß angepasst, verändert oder ergänzt werden.

Gesellschaftliche Teilhabe ist das Leitziel einer Bildung von Anfang an. Sie zielt auf die Schaffung von ungehinderten Zugängen zu gesellschaftlichen Ressourcen und die Eröffnung und Entwicklung von gleichen Chancen für alle.

Die Abbildung veranschaulicht, dass das Kind mit seinen Stärken und seinen Basiskompetenzen bei der Gestaltung von Lern- und Bildungsprozessen dabei immer im Mittelpunkt steht. Die individuellen Lern- und Entwicklungsbedürfnisse des Kindes sind dabei Ausgangspunkt des pädagogischen Handelns. Von diesem Bildungsverständnis ausgehend soll das Kind individuell, ganzheitlich und ressourcenorientiert herausgefordert und gefördert werden. Die hier dargestellten Bildungsbereiche bieten Anregung und Impulse, um Kindern interessengeleitet und individuell grundlegende Bildungs- und Erfahrungsprozesse zu ermöglichen. Selbstverständlich ist dabei zu berücksichtigen, dass sich, wie im Schaubild dargestellt, vielfach Überschneidungen zwischen den einzelnen Bildungsbereichen ergeben.

1. Bewegung

Ein Grundbedürfnis des Kindes ist es, sich zu bewegen und die räumliche und dingliche Welt mit allen Sinnen kennen und begreifen zu lernen.

„Bewegung ist eine elementare Form des Denkens" (Jean Piaget).

Kinder bringen eine natürliche Bewegungsfreude und -fähigkeit mit. Strampelnd, kriechend, krabbelnd, rennend, springend, kletternd, mit anderen tobend, hüpfend, fassend, hebend, schiebend und auf vielerlei Art und Weise mehr erobern sie sich und ihre Welt. Sie entdecken ihren Körper und seine Fähigkeiten, bilden ihre grob- und feinmotorische Geschicklichkeit aus, erforschen ihre Umwelt, treten in Kontakt zu anderen, erleben Erfolg und Misserfolg, lernen ihre Leistungsgrenzen kennen und zu steigern.

Bewegung fördert die körperliche, aber auch die kognitive Entwicklung. So werden zum Beispiel die Sprachentwicklung und das mathematische Grundverständnis durch das Ermöglichen vielfältiger Bewegungserfahrungen positiv unterstützt. Der Zusammenhang zwischen Motorik und Sprache liegt einerseits darin, dass die entsprechenden Bereiche im Hirn in enger Wechselwirkung stehen, andererseits sind Bewegungsgelegenheiten meist auch Sprachanlässe, sodass über und mit Bewegung und Rhythmik der Spracherwerb angeregt werden kann. Wahrnehmung und Orientierung in Raum und Zeit stehen in engem Zusammenhang mit den Grundlagen für ein mathematisches Verständnis. Durch das Erlebnis des Raums in all seinen Perspektiven, zum Beispiel durch Kriechen und Klettern in unterschiedlichen Ebenen, erfahren Kinder eine räumliche Orientierung, die notwendig für das Durchführen von Rechenvorgängen ist.

Indem das Bedürfnis von Kindern nach Bewegung in ausreichendem Maße berücksichtigt bzw. ihnen genügend Raum gegeben wird, werden kindliche Entwicklungs- und Bildungsprozesse gefördert. Bewegung durchzieht das Leben in allen Bereichen; somit wird auch deutlich, dass sich der Bildungsbereich Bewegung durch den gesamten Alltag hindurchzieht und mit allen Bildungsbereichen verbunden ist.

Um Kindern Bewegungsspielräume zu eröffnen, ihre natürliche Bewegungsfreude zu erhalten und herauszufordern sowie ihre motorischen Fähigkeiten zu unterstützen, sollten Kindertagespflegestelle, Kindertageseinrichtungen und Schulen sowie ihre gesamte Umgebung so bewegungsfreundlich gestaltet sein, dass alle Kinder ihrer Bewegungsfreude entsprechend ihrer individuellen Fähigkeiten nachkommen können. Ein besonderes Augenmerk ist darauf zu legen, an welchen Stellen die Bewegungsmöglichkeiten von Kindern im Alltag eingeschränkt werden, zum Beispiel durch unnötige Regeln, übervorsichtige Reaktionen und Handlungen von Fach- und Lehrkräften, zu viel Mobiliar, eingeschränkte Bewegungszeiten, mangelnde Erfahrungsmöglichkeiten im Außenbereich. Es gilt, den Kindern abwechslungsreiche und anregende Spiel- und Bewegungsräume zu bieten, in denen sie sich in eigener Zeit und eigenem Rhythmus ausleben können. Unterschiedliche Materialien aus dem Alltagsleben (Decken, Tücher, Kissen, Möbelstücke, Pappkartons, Bretter etc.) regen zum kreativen Gestalten an und werden fantasievoll von den Kindern eingesetzt. So schaffen sie sich selbstständig ihre eigenen Bewegungsherausforderungen, an denen sie ihre Wahrnehmung, Kreativität, Geschicklichkeit und Selbstwirksamkeit ausbilden können. Die klassischen Sportgeräte wie Kletterwand und -seile, Turnbank, Therapieschaukeln, Bälle u.ä. können zusätzlich für gezielte Angebote Einsatz finden bzw. in das Spiel der Kinder integriert werden.

Bei jüngeren Kindern ist Bewegung in erster Linie in das Spiel und somit in den Alltag integriert. Rollenspiele, das Konstruieren und Spielen auf dem Bauteppich etc. sind maßgeblich von Bewegung bestimmt. Bei Schulkindern erhält Bewegung mit zunehmendem Alter den Charakter sportlicher Aktivität. Nichtsdestotrotz sollten im Sinne eines nachhaltigen Lernerfolgs und eines gesunden Schulklimas auch im Schulalltag unterschiedliche Bewegungsmöglichkeiten geschaffen werden, zum Beispiel körperliche Aktivitäten während des Unterrichts, spielerische Bewegungsaktivitäten in den Pausenzeiten und im Schulleben allgemein. Zusätzliche Bewegungsangebote, die den individuellen Interessen und Fähigkeiten der Kinder entsprechen, bieten in der Freizeit Sportvereine. Im schulischen Alltag eröffnet insbesondere der Ganztagsbetrieb Möglichkeiten, dem Bildungsbereich Bewegung angemessenen Raum zu geben.

Obwohl wir in einer Welt leben, die zunehmend mehr Mobilität verlangt, wird in unserer Gesellschaft immer mehr Bewegungsmangel, vor allem bei Kindern, festgestellt. Dieser Mangel an Bewegung und Bewegungsmöglichkeiten hat gravierende Folgen für die physische und psychische Entwicklung der Kinder. Kindertagespflege, Kindertageseinrichtungen und Schulen sollten sich dieser Problematik bewusst sein und Präventionsmaßnahmen, vor allem auch in enger Zusammenarbeit mit den Eltern, ergreifen.

Leitidee

Kinder suchen eigenständig nach Bewegungsmöglichkeiten und fein- und grobmotorischen Herausforderungen. Bewegung ist für sie Erforschen und Begreifen der Welt, Sinneserfahrung, Ausdrucksmöglichkeit von Gefühlen, Kommunikation, Mobilität, Selbstbestätigung, Herausforderung und Lebensfreude. Kindern muss eine Umgebung angeboten werden, die ihrem Bedürfnis nach Bewegung Rechnung trägt und ihnen vielfältige entwicklungs- und altersgemäße Erfahrungen ermöglicht, um ihre motorischen Fähigkeiten und Fertigkeiten zu entwickeln. Sie benötigen Personen, die die individuellen Bewegungsinteressen und Fähigkeiten aufgreifen und mit weiteren Herausforderungen verknüpfen. So können Kinder ihr Körpergefühl und -bewusstsein weiterentwickeln und lernen, ihre Fähigkeiten realistisch einzuschätzen. Unterschiedliche Spielgeräte und -materialien, Fortbewegungsmittel und Geländeerfahrungen fordern immer komplexere Bewegungen heraus, an denen Kinder ihre Kraft, Ausdauer, Beweglichkeit, realistische Selbsteinschätzung und Koordination herausbilden können.

Im gemeinsamen (sportlichen) Spiel entwickeln sie Teamgeist und Fairness und lernen mit Regeln umzugehen. Weiterhin entwickelt sich aus positiven Bewegungserfahrungen im Kindesalter eine lebenslange Motivation zu sportlicher Betätigung, die dem allgemeinen Wohlbefinden und der Gesundheit dienlich ist.

Bildungsmöglichkeiten

Kindern wird die Möglichkeit gegeben,

- Erfolgserlebnisse zu haben, unabhängig von ihren motorischen Fähigkeiten,
- nicht nur beim wöchentlichen Bewegungsangebot oder in der Turnstunde/im Sportunterricht ihren Bewegungsdrang auszuleben und ihren Körper zu erproben, sondern täglich ihrem Alter und ihrer Entwicklung gemäß vielfältige Bewegungserfahrungen zu machen,
- ein ausgeglichenes Verhältnis von An- und Entspannung zu erfahren,
- an ihre eigenen körperlichen Grenzen zu stoßen,
- die körperlichen Grenzen anderer zu erkennen und zu akzeptieren,
- selbst auszuprobieren und nicht durch Überängstlichkeit der Erwachsenen von eigenen Bewegungserlebnissen abgehalten zu werden,
- ihre feinmotorische Geschicklichkeit in Alltagssituationen in eigenem Tempo auszubilden (an- und ausziehen, selbstständig mit Messer und Gabel essen, mit Scheren schneiden etc.),
- ihre Umgebung für Bewegung zu nutzen,
- sich kreativ in der Umgebung Bewegungsmöglichkeiten zu schaffen,
- den Umgang mit Verkehrsmitteln und Verhalten im Straßenverkehr zu erfahren,
- unterschiedliche Fortbewegungsmittel auszuprobieren (Rutschautos, Laufrad, Dreirad, Roller, Fahrrad, Inliner, Skateboard etc.) und deren Nutzung zu lernen,
- sich an das Element Wasser zu gewöhnen und sich in ihm zu bewegen lernen
- ...

Leitfragen zur Unterstützung und Gestaltung von Bildungsmöglichkeiten

- Wie kann jedes Kind Erfolgserlebnisse haben, unabhängig von seinen körperlichen und motorischen Fähigkeiten?
- Werden den Kindern regelmäßig im Alltag anregende Spiel- und Bewegungsräume geboten, in denen sie ihre Bewegungsbedürfnisse spontan und gefahrlos ausleben können?
- Sind die Möglichkeiten zur Körper- und Bewegungserfahrung nur auf bestimmte Zeiten begrenzt (z.B. Turnstunde, Sportunterricht) oder sind sie integraler Bestandteil des Alltags?
- Sind Möglichkeiten für vielseitige Bewegungserfahrungen geschaffen, zum Beispiel für Laufen, Rennen, Springen, Werfen, Fangen, Kriechen, Rollen, Klettern, Wippen, Schaukeln, Schwimmen?
- Sind die vorhandenen Materialien für psychomotorische Bewegungsanreize vielfältig und abwechslungsreich und können die Kinder auch Materialien „zweckentfremden", zum Beispiel Kissen und Matten zum Springen, Stühle und Tische zum Bauen ...?
- Inwieweit bin ich selbst Vorbild für Bewegungsfreude?
- Greife ich die Bewegungsinteressen von Kindern auf und fordere sie weiter heraus?
- Unterbreche ich vielleicht frühzeitig die körperliche Experimentierfreude, weil ich Ängste und Bedenken habe?
- ...

Materialien/Settings als Denkanstöße

- eine bewegungsfreundliche und -anregende Umgebung schaffen, drinnen und draußen (die ganze Wohnung, Kindertageseinrichtung ist ein „Bewegungsraum"), „Bewegungsräume" auch in der Schule schaffen,
- Räume unterschiedlich ausstatten, um den Bedürfnissen nach Spiel, Bewegung und Rückzug nachzukommen (z.B. Einrichten eines Bällebades und Snoezelen-Raumes),
- vielfältige Materialien zur Verfügung stellen, zum Beispiel Bretter, Baumstämme, Kisten, Kartons, Decken, Tische, Stühle, Matratzen, Polster für den Innen- und Außenbereich,
- Bewegungsbaustellen mit den Kindern gemeinsam entwickeln bzw. Anregungen geben,
- Entspannungsphasen gestalten: Traumreisen, Massagen, Autogenes Training, Vorlesen in Kleinstgruppen, Kuschelecken,
- Musikinstrumente und Musik für rhythmische Bewegung und Tanz einsetzen,
- Ausflüge in den Wald oder Park und die nähere Umgebung planen, um andere Bewegungsanreize zu erhalten, aber auch, um den Umgang mit Verkehrsmitteln (Bus, U-Bahn) und das Verhalten im Straßenverkehr (Fußgängerwege, Straßen überqueren, Ampeln) zu üben,
- Fahrzeugparcours für Rutschauto, Laufrad, Dreirad, Roller, Rollstuhl, Fahrrad, Inliner, Skatebord etc. erstellen,
- „Führerschein" für o.g. Fahrzeuge ausstellen, wenn sie beherrscht werden und Regeln zu ihrem Gebrauch und zum „Verkehrsverhalten" bekannt sind,
- Bewegungsspiele anbieten,
- Fußballspielen, Basketball, eventuell auf dem Sportplatz in der Nähe (ggf. in Kooperation mit Sportvereinen),
- Wassergewöhnung, Schwimmen gehen (ggf. in Kooperation mit Schwimmvereinen),
- Nutzung des Außengeländes mit topografisch unterschiedlichen Bodenmodulationen: Gebüsche zum Verstecken, Bäume zum Klettern, Kriechtunnel aus Weide, Hügel und Wiesen, Baumstämme zum Balancieren, Höhlen oder Baumhäuser bauen etc.
- ...

2. Körper, Gesundheit und Ernährung

Körperliches und seelisches Wohlbefinden ist eine grundlegende Voraussetzung für die Entwicklung und Bildung und ein Grundrecht von Kindern. Die Wahrnehmung des eigenen Körpers und die Erfahrungen seiner Wirksamkeit sind grundlegende Erfahrungen für jedes Kind. Der erste Bezugspunkt des Kindes ist sein Körper mit seinen Bewegungen, Handlungen und Gefühlen. Kinder fühlen zunächst körperlich, mit allen Sinnen erforschen sie sich selbst über ihren Körper. Über Tasten, Fühlen und Saugen begreifen Kleinkinder die Welt. Sie entwickeln ihr Selbstkonzept und ihre Identität und gewinnen dadurch Vertrauen in ihre eigenen Fähigkeiten. Über Körperkontakt treten Kinder in Beziehung zu anderen Menschen; dabei ist das Bedürfnis nach Nähe von Kind zu Kind unterschiedlich, und es gilt dieses sensibel zu erkennen und zu respektieren. Gerade bei sehr jungen Kindern ist die Beziehung zu Erwachsenen in hohem Maße durch Körperkontakt geprägt. Wickeln und Füttern sind Situationen der Zuwendung, der Anregung kindlicher Sinne und Befriedigung kindlicher Bedürfnisse; sie stellen alltagsintegrierte Bildungssituationen dar. Gerade das Erkennen der Bedürfnisse der Jüngsten und die spontane angemessene Reaktion der Fachkräfte sind entscheidend für die Beziehungs- und Bindungsfähigkeit als Grundlage für gelingende Bildungsprozesse.

Kinder benutzen beim Spielen ihre Körpersinne und suchen differenzierte Erfahrungsmöglichkeiten über die verschiedenen Sinne (z.B. Tastsinn, Sehsinn, Hörsinn, Gleichgewichtssinn, Geschmacks- und Geruchssinn). Diese sind Grundvoraussetzungen für selbstgesteuerte Bildungsprozesse. Kinder brauchen somit eine anregungsreiche Umgebung und Materialien, die ihnen die Möglichkeit geben, ihre Sinne zu gebrauchen und auszubilden. Dies sollte bei den Jüngsten in besonderem Maße bei der Raumgestaltung und in der Auswahl der Materialien berücksichtigt werden.

Kinder interessieren sich schon früh für ihren eigenen Körper und die der anderen Kinder. Der Austausch von Zärtlichkeiten, das Einander-Berühren, das ungezwungene und neugierige Erforschen des Körpers ist notwendig, um Ich-Identität aufzubauen und sich seines Geschlechts bewusst zu werden. Das geschieht in der Regel spielerisch, intuitiv und unbefangen. Da der Umgang mit Körperkontakt (Berührungen, Zärtlichkeiten) und der Ausdruck von Körperlichkeit stark von kulturellen, religiösen und familiären Vorstellungen und Gewohnheiten abhängig sind, muss das Thema Körper und Sexualität im Team und unter Einbeziehung der Eltern behandelt und reflektiert werden.

Mit zunehmendem Alter wird auch das Wissen über den Aufbau des Körpers und seine Funktionen für Kinder interessant. Sie möchten wissen, wohin die Nahrung in ihrem Körper verschwindet, sie wollen wissen, warum Muskeln hart werden, warum Kinder wachsen und Erwachsene nicht, und fordern Erklärungen ein. In Angeboten und Projekten zum Thema Körper können die Kinder Erfahrungen sammeln und Antworten auf ihre Fragen erhalten. Hierdurch bekommen sie ein immer differenzierteres Verständnis für ihren Körper, seine Funktionen und Fähigkeiten sowie die Voraussetzungen, die eine gesunde körperliche Entwicklung ermöglichen.

Das Thema Gesundheit geht weit über alltägliche Handlungsweisen, wie zum Beispiel Zähneputzen und Händewaschen, hinaus. Es umfasst vielmehr eine ganzheitliche und präventive Gesundheitsbildung, die die Stärkung der Selbstsicherheit, die Befähigung zur Lebenskompetenz und die Verantwortungsübernahme für sich und seinen Körper beinhaltet.

Körperpflege bedeutet für Kinder nicht in erster Linie Hygiene oder Reinigung, sondern bietet ihnen vielfältige Möglichkeiten, sich mit ihrem Körper zu beschäftigen und ein positives Körpergefühl zu entwickeln, zum Beispiel beim Einseifen des Körpers oder beim Plantschen mit Wasser. Entsprechend eingerichtete und

nutzbare Waschräume bieten Kindern einen Spielbereich, in dem sie ihre Bedürfnisse ausleben und ganzheitliche Körpererfahrungen machen können.

Gesundheit und Krankheit gehören zu jedem Leben, und Kinder erleben beides in ihren Familien, bei Freunden, in der Tagesbetreuung oder Schule und bei sich selbst. Sie erfahren körperliche und seelische Verwundbarkeit, wenn sie krank sind, sich verletzt haben oder traurig sind. Dadurch, dass Kinder diese unterschiedlichen Befindlichkeiten wahrnehmen und lernen, diese auszudrücken, indem sie Pflege, Zuneigung, Trost und Gesundung erfahren, können sie sich mit dem Thema Gesundheit auseinandersetzen. Pädagogische Aufgabe ist es, die Kinder im Umgang mit ihren Erfahrungen zu unterstützen und ihnen zu helfen, ein eigenes Gesundheitskonzept zu entwickeln. Dazu gehören auch präventive Maßnahmen, zum Beispiel, wie man Unfälle verhindert, wie man „Erste Hilfe" leisten kann und wie man seinen Körper gesund erhält.

Die Ernährung hat einen entscheidenden Einfluss auf die körperliche und geistige Entwicklung. Gerade die ersten Lebensjahre sind prägend für das Ernährungsverhalten. Daher muss frühzeitig damit begonnen werden, Kinder an ein gesundes Trink- und Essverhalten heranzuführen. Es ist nachgewiesen, dass Kinder grundsätzlich eine positive Einstellung zum Essen haben. Sie sind aufgeschlossen in Bezug auf Nahrungsmittel, probieren gerne und haben ein natürliches Sättigungsgefühl. Gerade kleine Kinder wissen, wann sie satt sind oder Hunger haben; es gilt für die Erwachsenen, auf das individuelle Sättigungsgefühl und auf die Selbstregulation der Kinder zu vertrauen. In Anbetracht der steigenden Zahlen von übergewichtigen bzw. adipösen Kindern auch schon in ganz jungen Jahren wird es jedoch immer notwendiger, Kindern früh die Grundlagen einer gesundheitsfördernden und -erhaltenden Ernährung nahezubringen. Ausgewogene und vollwertige Mahlzeiten gehören ebenso dazu wie Umgang und Erfahrung mit Lebensmitteln, Grundkenntnisse ihrer Bedeutung und Wirkung auf den Körper und eine kritische Auseinandersetzung mit „Kinderlebensmitteln" und „Fast Food".
Ernährungsgewohnheiten sind stark familiär und kulturell geprägt und auch von sozioökonomischen Faktoren abhängig. Insofern ist es von hoher Bedeutung, die Familien über vielfältige Möglichkeiten in diesen Bereich – unter Berücksichtigung soziokultureller Unterschiede – mit einzubeziehen. Individuelle Unterstützung und Beratung, Informationsveranstaltungen, gemeinsames Kochen etc. sind nur einige Möglichkeiten, um Eltern für dieses Thema zu

sensibilisieren und nach Möglichkeit zu vermitteln, dass gesunde Ernährung einschließlich der Zubereitung (zusammen mit den Kindern) Spaß macht.

Ziel in Kindertagespflege, Kindertageseinrichtung und Schule sollte in erster Linie sein, dass Kinder Freude und Genuss an (gesundem) Essen und Trinken erfahren und positive Vorbilder erhalten. So können sie ein nachhaltig gesundes Ernährungsverhalten entwickeln. Der alltägliche Umgang mit Lebensmitteln und die Zubereitung von Mahlzeiten ermöglichen vielfältige Sinneserfahrungen und den Erwerb von Kompetenzen: Das Riechen, Schmecken und Fühlen bei der Zubereitung von Lebensmitteln zum Beispiel fördert die Wahrnehmung und Ausbildung der Sinne; beim Zerkleinern, Schneiden oder Brote schmieren werden fein- und grobmotorische Fähigkeiten ausgebildet. Gemeinsame Mahlzeiten sind ein wichtiger Bestandteil des sozialen Lebens. Leider erfahren Kinder heute in ihren Familien, zum Beispiel bedingt durch unterschiedliche Lebens- und Arbeitsrhythmen, immer weniger dieses Gemeinschaftsgefühl. Kindertagespflege, Kindertageseinrichtung und Schule haben die Möglichkeit, Kinder diese sozialen und kulturellen Aspekte erleben zu lassen. Ein leckeres, gesundes Essen, ein nett gedeckter Tisch und gemeinsame Gespräche lassen gemeinsame Mahlzeiten zu einem besonderen Ereignis werden. Tischmanieren, der richtige Umgang mit Besteck und ein gutes Sozialverhalten (anderen die Schüsseln weiterreichen, darauf achten, dass jeder etwas bekommt, anderen beim Auffüllen helfen) sind weitere Aspekte, die zu einer guten Atmosphäre gemeinsamer Mahlzeiten gehören.

Der Bildungsbereich Körper, Gesundheit und Ernährung bietet in Kombination mit dem Bildungsbereich Bewegung große Chancen, Kinder im Sinne einer nachhaltigen Erziehung und Bildung an ein gesundheitsbewusstes Verhalten heranzuführen und damit auch Gesundheitsrisiken wie Übergewicht, Herz-Kreislauferkrankungen, Diabetes und Störungen des Bewegungsapparates vorzubeugen.
Die Zusammenarbeit mit Eltern, gerade in diesem Bildungsbereich, ist von besonderer Bedeutung. Familien sollen unter anderem informiert und aufgeklärt werden, um das Bewusstsein für die Wichtigkeit der Vorsorgeuntersuchungen zu erhöhen. Im Rahmen von Vorsorgeuntersuchungen können Entwicklungsverzögerungen, Beeinträchtigungen und Erkrankungen sowie Fälle von Vernachlässigung, Kindesmisshandlung oder sexuellem Missbrauch erkannt werden.

Leitidee

Ausgehend von ihrem eigenen Körper und seinen Empfindungen und Wahrnehmungen entwickeln Kinder ein Bild von sich selbst. Je differenzierter die Sinneserfahrungen (Hören, Sehen, Tasten, Fühlen, Schmecken, Riechen etc.) sind, die dem Kind ermöglicht werden, und je mehr Raum ihm zum Ausprobieren und Gestalten geboten wird, desto mehr Selbstwirksamkeit erfährt es und kann so seine Identität und sein Selbstbewusstsein entwickeln. Kinder gehen zunächst völlig unbefangen mit sich und ihrem Körper um; sie haben ein natürliches Interesse, ihren Körper zu erforschen. In dieser spielerischen Form entwickeln sie ein Geschlechtsbewusstsein. Je älter ein Kind wird, desto neugieriger und wissensdurstiger wird es in Bezug auf seinen Körper und dessen Funktionen, seiner Fähigkeiten und seiner Befindlichkeiten. Über eigenes Erforschen bis hin zu gezielten Fragestellungen nutzen Kinder alle Möglichkeiten, um Antworten auf ihre Fragen zu erhalten und entwickeln so Selbstvertrauen in ihre eigenen Fähigkeiten. Auch die Themen Gesundheit und Ernährung mit all ihren Facetten erhalten für Kinder in diesem Zusammenhang zunehmendes Interesse. Kinder haben grundsätzlich ein gutes Gespür und eine gute Selbsteinschätzung, was und wie viel sie an Nahrung benötigen, was ihnen schmeckt und was nicht. Essen und Trinken ist für sie lustvoll und dient ihrem Wohlbefinden, weniger der Versorgung mit notwendigen Nährstoffen. Kindern sollte diese ureigene, positive Einstellung erhalten bleiben, und sie sollten hierbei Unterstützung durch Erwachsene erfahren. Gleichzeitig gilt es, dem zunehmend ungesunden Ernährungsverhalten schon früh entgegenzuwirken, indem Kindern vielfältige positive Erfahrungen in Bezug auf Ernährung ermöglicht werden.
Viele Kinder lieben es, beim Kochen, Tischdecken, Spülen und weiteren hauswirtschaftlichen Tätigkeiten zu helfen. Indem sie Aufgaben in diesen Bereichen ausführen können, erleben sie sich als handlungsfähig, verantwortlich und als Teil einer Gemeinschaft. Dies stärkt ihr Selbstbewusstsein, ihre Handlungskompetenzen, aber auch ihr seelisches Wohlbefinden, was wiederum positive Auswirkung auf ihre Gesundheit hat.

Bildungsmöglichkeiten

Kindern wird die Möglichkeit gegeben,

- ein unbefangenes Verhältnis zu ihrem Körper und seinen Ausdrucksweisen zu behalten bzw. zu entwickeln,
- vielfältige und differenzierte Sinneserfahrungen zu machen,
- sich zurückzuziehen und unbeobachtet zu sein,
- über Nähe und Distanz selbst zu entscheiden,
- Mahlzeiten mitzugestalten, sowohl bei der Auswahl als auch bei deren Zubereitung,
- selbst zu entscheiden, was und wie viel oder wenig sie essen,
- sich selbst das Essen auffüllen und auch eigenständig essen zu dürfen,
- sich für gemeinsame Mahlzeiten Zeit zu nehmen
- ...

Leitfragen zur Unterstützung und Gestaltung von Bildungsmöglichkeiten

- Werden die Kinder täglich an der Auswahl und Zubereitung von Mahlzeiten beteiligt und haben sie die Möglichkeit, zwischen unterschiedlichen gesunden Lebensmitteln/ Mahlzeiten zu wählen?
- Werden Lebensmittel und Gerichte aus verschiedenen Ländern und Kulturen angeboten?
- Haben die Kinder die Möglichkeit, die Herkunft von Lebensmitteln, ihre Vielfalt und ihren Geschmack kennenzulernen?
- Können die Kinder ihre sinnliche Wahrnehmung ausreichend erproben?
- Inwieweit bin ich selbst Vorbild in Bezug auf gesundheitsbezogene Themen (Ernährung, Bewegung, Umgang mit Stress etc.)?
- Erhalten die Kinder die Möglichkeit, sich mit ihrer Körperlichkeit auseinanderzusetzen?
- Habe ich selbst eine positive Einstellung zu meinem Körper?
- Berücksichtige ich die Bedürfnisse von Kindern nach Nähe (trösten, vorlesen etc.), aber auch nach Distanz (nicht in den Arm genommen werden wollen, sich zurückziehen wollen)?
- Können Kinder mit ihrem eigenen Körper und mit dem anderer Kinder achtsam und liebevoll umgehen?
- Welche kulturellen Unterschiede zum Thema Körper und Sexualität gibt es und wie wird mit den Vorstellungen der Eltern umgegangen?
- Erfolgt ein aktiver Austausch mit den Eltern über Themen der Gesundheitsfürsorge (Informationsveranstaltungen, Weitergabe von Informationsmaterial, Hinweise auf individuelle Beratungsmöglichkeiten)?
- ...

Materialien/Settings als Denkanstöße

- viele Spiegel, Frisierutensilien, Cremes, Schminke zur Verfügung stellen,
- Matschen, Kneten mit unterschiedlichen Materialien, zum Beispiel Sand, Erde, Ton, Knete, Kleister, Malen mit Fingerfarben,
- Streichelmassage mit unterschiedlichen Gegenständen, zum Beispiel Igelbälle, Tennisbälle, Pinsel, Teigrollen; Auflegen von verschieden schweren Säckchen, gefüllt mit Hülsenfrüchten, Watte, Kastanien,
- Begegnung mit Gegenständen und Kleidungsstücken aus verschiedenen Berufswelten und Kulturen,
- Schmeck-, Tast- und Riechspiele, Tastmemories oder Fühlbücher herstellen,
- ausreichend altersgemäße Bilder- und Sachbücher zum Thema Körper, Gesundheit, Aufklärung,
- Besuch von Arzt, Zahnarzt, Krankenhaus, Erste-Hilfe-Kurse für Kinder,
- Kuschelecken und Rückzugsmöglichkeiten, Kissen, Tücher,
- Besuch von Markt, Bäckerei, Bauernhof, Molkerei, Wasserwerk,

- Gemüse, Kräuter, Obst selber anbauen, ernten und verwerten,
- vielfältige Kochkurse mit Kindern und Eltern zum Thema „Gesunde Ernährung“,
- selber Lebensmittelmemories erstellen,
- „Reise in ferne Länder“: internationales Essen und Getränke mit unterschiedlichen Sitten und Gebräuchen, zum Beispiel mit den Fingern essen, mit Stäbchen,
- Nahrungspyramide mit Kindern als Collage erstellen und einzelne Bereiche thematisieren, zum Beispiel Getränke: Kinder verschiedene Getränke testen lassen (Wasser, Apfelschorle, Apfelsaft, Limonaden, Eistee ...); Was schmeckt besser? Was ist gesund? Zuckergehalt der Getränke anhand von Würfelzucker deutlich machen; Getränke, zum Beispiel Apfelsaft, einfärben und sagen lassen, was besser schmeckt (visueller Einfluss),
- Ernährungsführerschein (Programm für Schulen des „aid infodienst Verbraucherschutz, Ernährung, Landwirtschaft e.V.“)
- ...

3. Sprache und Kommunikation

Der kindliche Spracherwerb ist ein komplexer Prozess, der einen wesentlichen Teil des Entwicklungs- und Bildungsverlaufs ausmacht. Die Bedeutung der Sprache als wichtigstes zwischenmenschliches Kommunikationsmedium ist unbestritten. Sie ist das zentrale Mittel für Menschen, Beziehungen zu ihrer Umwelt aufzunehmen und sich in ihr verständlich zu machen. Sprachentwicklung beginnt mit der Geburt, erfolgt kontinuierlich im sozialen Umfeld und ist niemals abgeschlossen.
Die Entwicklung der Sprache ist sehr eng mit der Entwicklung der Identität und Persönlichkeit eines Menschen verbunden. Sprache und Kommunikationsfähigkeit sind grundlegende Voraussetzungen für die emotionale und kognitive Entwicklung von Kindern; in Verbindung mit dem Schriftspracherwerb stellen sie die Schlüsselqualifikationen für den Bildungserfolg dar.

Die Unterstützung der Sprachentwicklung des Kindes stellt eine zentrale Bildungsaufgabe im pädagogischen Alltag dar. Die Bezugspersonen spielen in der Sprachentwicklung des Kindes als Sprachmodell und Sprachvorbild eine wesentliche Rolle. Dieser Vorbildfunktion sollten sich die Bezugspersonen immer bewusst sein und den eigenen Sprachgebrauch daraufhin kritisch überprüfen.
Kinder entwickeln Freude an Sprache und Sprechen, wenn ihre sprachlichen Handlungen in sinnvolle Zusammenhänge gestellt sind und die Themen ihre eigenen Interessen berühren. Das Aufgreifen alltäglicher, vom Kind selbst gemachter Erfahrungen bietet vielfältige Sprachanlässe. Je bedeutsamer die (Sprach-)Handlungen für das Kind sind, desto stärker ist der Impuls, sich hierüber anderen mitzuteilen, Eindrücke wiederzugeben und über die Aufnahme des Geschilderten durch die Kommunikationspartner Bestätigung zu erfahren. Voraussetzung ist, dass das Kind sich als Person angenommen und aufgenommen fühlt.

Insbesondere die Familie als Bildungsort, aber auch die Bildungsinstitutionen wie Kindertageseinrichtungen und Schulen und auch die Kindertagespflege haben einen großen Einfluss auf die Entwicklung der Sprachkompetenz von Kindern.

Die Wertschätzung der natürlichen Mehrsprachigkeit – vor allem in der Zusammenarbeit mit Eltern – ist ein wichtiger Bestandteil der Sprachentwicklung. Neben der Sprachkompetenz in deutscher Sprache ist Mehrsprachigkeit eine wesentliche Kompetenz, die als Leistung und Chance wertgeschätzt und begriffen wird. Kinder mit einer anderen Herkunftssprache erhalten die Möglichkeit, die deutsche Sprache zu erlernen, um an Bildungsprozessen im Elementarbereich und der Schule erfolgreich teilnehmen zu können. Besonders Kinder, die zunächst Schwierigkeiten mit der verbalen Kommunikation haben, können von Situationen profitieren, in denen nonverbale Kompetenzen Zugang und Ausdrucksmöglichkeiten bieten. Diese Kinder können auf ihren bestehenden sprachunabhängigen Kompetenzen aufbauen und dadurch einen leichteren Zugang zur Sprache gewinnen. Werden andere Erstsprachen in der Einrichtung wertgeschätzt, ist dies für alle Kinder eindrucksvoll und anregend. Insbesondere die mehrsprachig aufwachsenden Kinder erleben sich dabei kompetent und selbstwirksam. Für alle Kinder bedeutet diese Wertschätzung auch das Kennenlernen von anderen Sprachen und das Erleben von Vielfalt.

Grundlage jeder Sprachbildung ist eine frühzeitig einsetzende Beobachtung und Bildung der sprachlichen Entwicklung.
Die Grundlagen alltagsintegrierter Sprachbildung sowie Verfahren und Qualitätskriterien entwicklungs- und prozessbegleitender Beobachtung und Dokumentation sind für den Elementarbereich in der Broschüre „Alltagsintegrierte Sprachbildung und Beobachtung im Elementarbereich – Grundlagen für Nordrhein-Westfalen“ festgelegt.

Leitidee

Sprache hat die wichtige Funktion der Mitteilung und Verständigung sowie des Ausdrucks und der Äußerung von Bedürfnissen. Das Bewusstsein für die eigene Identität wird unter anderem im Verlauf der Sprachentwicklung ausgebildet. Weitere Funktionen von Sprache zeigen sich in Kommunikation und Interaktion, beim Austausch von Erfahrungen sowie in der Gestaltung von Beziehungen. Dabei sind die Gesprächspartner von wesentlicher Bedeutung. Das Kind ist auf die Interaktion mit seinen Bezugspersonen angewiesen. Wertschätzung des Kindes und seiner Äußerungen, Unterstützung des Interesses und der Motivation, sich mitzuteilen und verstanden zu werden, befördern den Prozess seiner zunehmenden Sprachkompetenz. In für das Kind sinnvollen und bedeutungsvollen Kontexten entwickelt es seine Fähigkeiten zum Dialog, indem es anderen zuhört, auf die Beiträge anderer eingeht und nonverbale Ausdrucksformen einsetzt. Im Alltag der Kinder werden vielfältige Situationen als Anreiz für die aktive Sprachentwicklung genutzt. Ob beim Wickeln, Anziehen oder Spielen in der Kindertagesbetreuung oder bei unterrichtlichen bzw. außerunterrichtlichen Aktivitäten in der Schule – immer wieder gibt es Interaktionsmöglichkeiten, die von den Bezugspersonen aufgegriffen und zu Sprachanlässen ausgebaut werden. Auch die Bedeutung der Peer Group und der Interaktion zwischen den Kindern ist nicht außer Acht zu lassen. Durch die Beteiligung der Kinder an Entscheidungs- und Gestaltungsprozessen erleben sie sich als selbstwirksam und verantwortungsvoll.

Einen weiteren wesentlichen Baustein frühkindlicher (Sprach-)Bildung stellt der Bereich Literacy dar. Hier geht es darum, die Lust der Kinder am Umgang mit (Bilder-)Büchern, Geschichten, Erzählungen und Reimen zu wecken. Kinder entdecken die Schrift als ein Medium, gesprochene Sprache festzuhalten und sich mit anderen auszutauschen. Literacy eröffnet den Kindern einen Einblick in die Komplexität von Sprache, die durch das dialogische Lesen, durch Geschichten, Erzählungen und Reime auch zum Ausdrucksmittel von Fantasie und Kreativität wird. Dieser Bereich regt die Kinder somit zu einem lustvollen Umgang mit Sprache an, welcher über den rein funktionalen Umgang hinausgeht. Die Auseinandersetzung mit der Sprache in Büchern ermöglicht es den Kindern, zunehmend komplexere Sachverhalte zu erfassen und diese selbst auch differenzierter auszudrücken. Darüber hinaus entdecken sie bestimmte Redewendungen und Besonderheiten der Schriftsprache und beginnen diese spielerisch in eigene Geschichten und Erzählungen einzubauen. Sprache wird in zunehmendem Maße als Strukturierungshilfe eigener Denkprozesse gebraucht.

In der Grundschule ist in den ersten Schuljahren der Schriftspracherwerb eines der zentralen Lernziele. Die Basis für erfolgreiches Lernen wird jedoch weit vor dem Schulbeginn gelegt. Alle Erfahrungen des Kindes mit mündlicher und schriftlicher Sprache haben Einfluss auf die Lernprozesse beim Schriftspracherwerb. Besondere Bedeutung kommt der „phonologischen Bewusstheit" als der zentralen Vorläuferfähigkeit des Schriftspracherwerbs zu.

Unter „phonologischer Bewusstheit" wird die Fähigkeit verstanden, die Aufmerksamkeit vom Inhalt einer Mitteilung abzuwenden und auf den formalen Aspekt der Sprache hin zu lenken. Sie beinhaltet die Fähigkeiten, Wörter in Silben zu gliedern und zusammenzusetzen, Reime zu erkennen und ein Wort auf seine Laute hin abzuhören.

Die Entwicklung der „phonologischen Bewusstheit" verläuft bei Kindern individuell sehr verschieden. Sie kann kaum durch isoliertes Training vorangetrieben werden und sollte daher bei der Gestaltung des Alltags in der Kindertageseinrichtung und in der Schule berücksichtigt und angeregt werden. Dies geschieht zum Beispiel in für die Kinder ganz natürlichen Situationen, etwa beim gemeinsamen Singen, bei Abzählreimen, Klatschspielen, Reimdominos etc.

Bildungsmöglichkeiten

Kindern wird die Möglichkeit gegeben,

- sich über Mimik, Gestik und Bewegung mitzuteilen,
- sich in Gesprächen mitzuteilen und ihre Gefühle, Meinungen, Gedanken, Erlebnisse etc. zu äußern,
- Gesprächsregeln im alltäglichem Tun und in der Interaktion kennenzulernen und anzuwenden (anderen zuhören, sie dabei anschauen, aussprechen lassen, beim Thema bleiben etc.),
- ihren Wortschatz zu erweitern und neue Begriffe (auch Fachbegriffe) zu verwenden,
- in ihrer Herkunftssprache zu kommunizieren und dabei unterstützt zu werden,
- Interesse an Büchern und Freude am Fabulieren und Geschichtenerzählen zu entwickeln und damit auch einen Zugang zur Schrift als ein Informations- und Kommunikationsmedium zu erhalten
- ...

Leitfragen zur Unterstützung und Gestaltung von Bildungsmöglichkeiten

- Erhalten die Kinder ausreichend Zeit und Raum, sich durch Gestik, Mimik und Bewegung zu äußern?
- Erhalten die Kinder ausreichend Gelegenheit, sich in Gesprächen zu äußern?
- Wird mit den Kindern eine Kultur des Dialogs und der Kommunikation gepflegt?
- Werden beim Erzählen und Vorlesen von Geschichten die Interessen und Erlebnisse der Kinder aufgegriffen? Werden auch jungen- und mädchenspezifische Bücher und Texte angeboten?
- Sind den Kindern Schriftmedien wie Bücher, Zeitungen, E-Mails etc. zugänglich? Wird über ihre Funktion gesprochen, werden sie im Alltag und in Projekten als Informationsquellen und Kommunikationsmittel genutzt?
- Begleite ich das Handeln der Kinder durch sprachliche Erläuterungen, durch Nachfragen, durch Informationen und Hinweise – beim Einsatz von Materialien, beim Aufräumen, während der Mahlzeiten etc.?
- Werden die Kinder unterstützt und gefördert, Konflikte nach Möglichkeit eigenständig sprachlich und im Konsens zu lösen?
- Welche Gelegenheiten biete ich den Kindern, ihren Wortschatz zu erweitern und ihn differenziert zu nutzen?
- Wie ermögliche ich es eher ruhigeren und stilleren Kindern, sich aktiv an Gesprächen zu beteiligen?
- Werden mehrsprachig aufwachsende Kinder positiv in ihrer Fähigkeit bestärkt, eine weitere Sprache zu sprechen bzw. zu verstehen?
- Finden sich in der Kindertageseinrichtung/ Schule Hinweise auf die Familiensprachen aller Kinder?
- ...

Materialien/Settings als Denkanstöße

- Erlebnisse und Erfahrungen (Ausflug, Lieblingssendungen, aktuelle Vorfälle, Wochenende) als Erzähl- und Austauschanlässe aufgreifen,
- Ausflüge durchführen (zur Feuerwehr, Polizei, Bibliothek, zum Bücherbus, zur Lokalredaktion, Post etc.),
- Bewegungsräume nutzen, um die Bedeutung von Begriffen am eigenen Leib zu erfahren (z.B. Präpositionen wie „auf" oder „unter", Adjektive wie „schnell" oder „langsam", Verben wie „schleichen" oder „stampfen"),
- Bilderbücher, Geschichtenbücher, Sachbücher, Kinderlexika, Kinder- und Dokumentarfilme etc. (auch mehrsprachig) bereitstellen,
- eigene Bibliothek einrichten bzw. Ausleihe von Büchern ermöglichen durch regelmäßigen Besuch einer Bibliothek,

- Rätsel, Sprachspiele, Kinderreime, Fingerspiele (auch in anderen Sprachen) anbieten,
- Tierstimmen hören und imitieren,
- Räume bzw. Nischen einrichten, die mit Tafeln und Kreide, Alphabet, Zahlen, Büchern, alter Schreibmaschine, PC und entsprechender Software ausgestattet sind,
- Kinderlieder singen, Bewegungs- und Singspiele,
- Theater spielen, improvisierte Szenen, zum Beispiel aus Märchen, spielen,
- Pantomime als non-verbale Ausdrucksmöglichkeit nutzen, einfache Begriffe darstellen,
- Tagebuch mit Kindern anlegen, zum Beispiel in der Waldwoche, Kinder diktieren ihre Erlebnisse,
- unterschiedliche Schriften und Zeichen kennenlernen (Keilschrift, Hieroglyphen, arabische, chinesische, japanische, kyrillische Schrift),
- Zeitung lesen, zum Beispiel interessante Themen für Kinder oder Berichte über die Kita/Schule,
- Herkunftssprachen der Kinder aufgreifen,
- Elterninformationen in mehrsprachigen Ausführungen anbieten,
- auch mehrsprachige Eltern als Lesepaten einladen, die Kindergeschichten in ihrer Herkunftssprache vorlesen und erläutern
- ...

4. Soziale und (inter-)kulturelle Bildung

Soziale Beziehungen sind die elementare Voraussetzung eines jeden Bildungsprozesses. Kinder erkunden eigenständig ihre Umgebung und suchen nach Antworten auf ihre Fragen. Erwachsene begleiten und beobachten diese Erkundungen, geben den Kindern Sicherheit und leisten Hilfestellung und Unterstützung. Hierdurch entwickeln Kinder Selbstvertrauen und eine Vorstellung der eigenen Identität. Selbstvertrauen ist die Grundvoraussetzung, um offen und tolerant gegenüber anderen Menschen und fremden oder unbekannten Gebräuchen und Lebenswelten zu sein. Selbstvertrauen können Kinder entwickeln, wenn ihrer Kultur, ihrer Sprache und insbesondere ihnen als Person Wertschätzung entgegengebracht wird.

Kindertageseinrichtungen, Kindertagespflege, Ganztagsangebote und Schulen sind oft der erste Ort, an dem Kinder regelmäßig mit Personen außerhalb der Familie zusammentreffen. Dort begegnen sie fremden Menschen mit unterschiedlichen Ansichten und Lebensstilen. Das Miteinanderleben und Interagieren in einer (Kinder-)Gruppe mit der Vielzahl von unterschiedlichen Meinungen und Bedürfnissen erfordern ein konstruktives Konfliktverhalten, eine Auseinandersetzung und Abstimmung mit anderen und das Eintreten für die eigenen Interessen. In ein solches Konfliktverhalten müssen Kinder hineinwachsen. Sie lernen, ihre Gefühle, Interessen und Grenzen wahrzunehmen und auszudrücken, ihr Verhalten zu kontrollieren, Konflikte auszuhalten und Lösungen zu finden. Dies ist der Grundstein für soziale Erfahrungen wie Gemeinschaft, Freundschaft und Solidarität. Das Kind nimmt sich als Teil einer Gemeinschaft wahr und lernt gesellschaftlich verantwortlich und rücksichtsvoll zu handeln.

Dabei benötigen Kinder Erwachsene, die ihnen mit Interesse, Respekt und Empathie begegnen, die Empfindungen und Bedürfnisse der Kinder anerkennen und sie unterstützen und begleiten. So lernen Kinder auch anderen Menschen mit Empathie und Wertschätzung zu begegnen. Es ist auch wichtig, dass Kinder eventuelle Vorbehalte und Ängste gegenüber ihnen Unbekanntem haben dürfen. Diese Gefühle sollen gemeinsam angesprochen werden und Raum und Akzeptanz finden. Die Rolle der Fach- und Lehrkräfte ist, Fremdheitserfahrungen aufzugreifen und Kinder dazu zu ermutigen, andere Sicht- und Lebensweisen oder Kulturen kennenzulernen. Um Stigmatisierung zu vermeiden, sollten interkulturelle Begegnungen frei von klischeehaften Kultur- oder Lebensstilzuschreibungen stattfinden. Aufgreifen statt Aufdrängen ist hier das leitende Prinzip. So können zum Beispiel Situationen interkultureller Begegnung zum Anlass genommen werden, eigene Gewohnheiten zu hinterfragen.

Ziel ist es, auf das Leben in einer hinsichtlich der Lebensstile und Kulturen vielfältigen Gesellschaft vorzubereiten, die Kinder darin zu unterstützen, ihre eigene Kultur und Herkunft kennenzulernen und darauf aufbauend eine eigene Kultur und einen persönlichen Lebensstil zu entwickeln. Vielfalt in persönlicher, sozialer, kultureller, physischer und psychischer Hinsicht soll ein selbstverständlicher Teil des Alltags der Kinder sein. Interkulturelle Pädagogik ist eine Querschnittsaufgabe des pädagogischen Alltags mit dem Ziel, das Zusammenleben von Menschen unterschiedlicher Herkunft zu stärken.

Kindern werden Erfahrungsräume angeboten, in denen sie Werte erleben und an Werten ausgerichtetes Verhalten erfahren können. Regeln für das Zusammenleben können gemeinsam gefunden und die Kinder in die Entscheidungsprozesse einbezogen werden. Kinder, die möglichst früh mit demokratischen Strukturen und Handlungsweisen unserer Gesellschaft in Kontakt kommen und demokratische und soziale Lebensformen erleben, haben die Chance, zu verantwortungsbewussten, handlungs- und kritikfähigen Menschen heranzuwachsen. Auch erhalten sie die Gelegenheit, Schritt für Schritt sich und andere Menschen kennenzulernen, sich anderen gegenüber abzugrenzen und zu erfahren, dass das eigene Recht eingefordert werden kann und gleichzeitig das des Gegenübers respektiert wird. Dies ist die Grundlage für ein demokratisches Verständnis und ein soziales Miteinander.

Über Kinderkonferenzen, Klassenrat, Kinderparlamente und Kinderversammlungen können Kinder Partizipation an den Alltagsentscheidungen erleben und so erkennen, was Anerkennung, Zugehörigkeit und das Recht auf Selbstbestimmung und Beteiligung bedeuten. Durch Übertragung von Verantwortung und Mitsprache sowie über Team- und Projektarbeit kann dies fortgeführt werden. Hierzu benötigen Kinder erwachsene Vorbilder, die sie unterstützen und begleiten. Nur durch eigene Erfahrungen können sie zu selbstbewussten, reflexionsfähigen und verantwortungsbewussten Persönlichkeiten heranwachsen.

Leitidee

Selbstvertrauen ist die Grundvoraussetzung, um auch offen und tolerant gegenüber Anderem und Fremdem zu sein. Die eigene Persönlichkeit und Identität des Kindes werden anerkannt und gestärkt sowie Selbstvertrauen und Offenheit ermöglicht. Neugierig stellen Kinder Unterschiede fest und haben die Möglichkeit, sich damit auseinanderzusetzen. Bedürfnisse und Fragen der Kinder werden aufgegriffen, die Neugierde und Offenheit gegenüber anderen gefördert. Kinder nehmen die Menschen im Umfeld als unterschiedliche Persönlichkeiten mit unterschiedlichen Lebensformen, Bedürfnissen, Kulturen und Sprachen wahr, und diese Vielfalt wird als Normalität und Bereicherung erlebt. Sie erfahren, dass die eigene Lebensweise eine von vielen möglichen ist und unterschiedliche Werte gelten können. Über Erfahrungen im Umgang mit anderen Kindern und die Auseinandersetzung mit verschiedenen Meinungen und Haltungen lernen sie die hier geltenden Grundrechte und deren Hintergründe kennen. Aufgeschlossenheit gegenüber fremden Lebensstilen und Kulturen wird durch alltägliche Erfahrungen gefördert. Die Kinder haben Gelegenheit, Wissen über fremde und die eigene Kultur zu sammeln – sowohl über Schrift, Sprache, Religion als auch über verschiedene Formen der Familien und des Zusammenlebens – und dies auch praktisch zu erleben. Kinder nehmen wahr, dass sie jeweils unterschiedliche Interessen und Bedürfnisse haben, diese äußern können und ernst genommen werden. Sie lernen ihre eigenen Rechte und die Rechte anderer kennen, diese einzufordern und zu wahren. Sie erkennen Möglichkeiten, ihre Interessen anderen zu vermitteln und Lösungswege für Konflikte zu finden. Sie erfahren, dass ihre Gefühle und Meinungen wichtig, sie Teil einer Gemeinschaft sind und Verantwortung für sich und andere übernehmen können.

Bildungsmöglichkeiten

Kindern wird die Möglichkeit gegeben,

- Verantwortung für das eigene Handeln zu übernehmen,
- Konflikte selbstständig und gewaltfrei zu lösen und das Zusammenleben selbstständig zu gestalten,
- ihre Wünsche und Bedürfnisse zu äußern,
- in soziale Interaktionsprozesse zu treten,
- Meinungen und Vorstellungen anderer Menschen zu erfahren,
- unterschiedlichen Menschen und Kulturen zu begegnen und diese kennenzulernen,
- Bräuche und Normen und deren Hintergründe zu erfahren,
- Regeln gemeinsam zu erarbeiten und bei Entscheidungsprozessen mitzubestimmen,
- ihre eigene Herkunft zu erkunden und eine eigene Kultur sowie einen eigenen Lebensstil zu entwickeln,
- ihre Emotionen zuzulassen und zeigen zu können,
- ihre Rechte kennenzulernen (VN-Kinderrechtskonvention),
- ihre Ideen und Wünsche zu formulieren und bei der Ausgestaltung der Bildungsangebote einzubringen,
- respektlose und diskriminierende Äußerungen zu erkennen und ihnen entgegenzutreten
- …

Leitfragen zur Unterstützung und Gestaltung von Bildungsmöglichkeiten

- Haben die Kinder Gelegenheiten, gemeinschaftliche Erfahrungen mit anderen Kindern zu machen?
- Wird den Kindern die Möglichkeit gegeben, ihre eigene Meinung und Haltung zu äußern?
- Ermögliche ich generationsübergreifende Begegnungen?
- Erhalten alle Kinder die Möglichkeit, Teil einer Gemeinschaft zu sein?
- Was passiert, wenn ein Kind traurig ist oder sich freut? Hat es Gelegenheit, diese Emotionen mit anderen zu teilen?
- Werden die verschiedenen kulturellen Erfahrungen der Kinder im Alltag aufgegriffen?
- Erhalten auch Eltern mit Migrationshintergrund die Möglichkeit, sich in die Zusammenarbeit und weitere Aktivitäten einzubringen?

- Werden die Kinder in ihren Rechten unterstützt und geschützt?
- ...

Materialien/Settings als Denkanstöße

- Patenschaften für neue Kinder und Schulanfänger, Verantwortung für andere Kinder übernehmen,
- Verantwortlichkeiten für Aufgaben in der (Kinder-)Gruppe übernehmen (Tischchef/-chefin, Blumendienst, Gruppen- oder Klassensprecher/in),
- Erstellen einer Familienwand: Kinder bringen Materialien und Bilder von zu Hause mit und gestalten ein Plakat zum Thema „Meine Familie", Diskussion von Unterschieden und Gemeinsamkeiten,
- Selbsterfahrungen und Selbstwahrnehmung: Kinder malen sich selbst, ein Kind legt sich auf ein großes Stück Papier und ein anderes zeichnet die Konturen nach,
- Smileys mit verschiedenen Gesichtern zum Beschreiben, Erraten, Zeigen und Erkennen von unterschiedlichen Emotionen,
- gemeinsames Kochen, zum Beispiel: Jeder kocht sein Lieblingsessen,
- räumliche Möglichkeit und Utensilien für Rollenspiele: Handpuppen, Marionetten, Kasperletheater, um verschiedene Rollen auszuprobieren,
- Gemeinschaftsspiele und Spiele für verschiedene Teams, Gruppenarbeiten,
- Kita- oder Klassenregeln, die gemeinsam erarbeitet werden,
- Mitbestimmung der Kinder bei der Gestaltung des Tagesablaufes (Tätigkeiten, Ruhephasen, Mahlzeiten, die Wahl der Spiel-/Arbeitspartner, -orte, -materialien) sowie der Räumlichkeiten und des Außengeländes,
- Gruppendiskussionen/Kinderkonferenzen/Morgen- und Erzählkreise,
- Feiern von übergreifenden (z.B. Welt-Kindertag) und unterschiedlichen kulturellen Festen und Feiertagen (z.B. Zuckerfest, chinesisches Neujahr) mit den Eltern,
- Einrichten eines offenen Elterncafés, insbesondere zur gezielten Einbindung und zum besseren Kennenlernen der Familien (Austausch und Information über Themen, die Eltern interessieren bzw. selbst einbringen),
- themenorientierte Projekte (Familie, Kultur, Wohnumfeld, Herkunft etc.)
- ...

5. Musisch-ästhetische Bildung

Ästhetik betont die Bedeutung sinnlicher Wahrnehmung in Bildungs- und Erkenntnisprozessen. Daher meint ästhetische Bildung nicht nur den musisch-künstlerischen Bereich, sondern berührt alle Bereiche des alltäglichen Lebens.

Ausgehend von der Überzeugung, dass sich der Mensch durch die aktive, kreative Auseinandersetzung mit seiner Umwelt entwickelt, hat ästhetische Bildung einen hohen Stellenwert. Ästhetische Bildung versteht sich als Ergebnis sinnlicher Erfahrungen, die selber zu neuem Wissen und neuen Erkenntnissen über sich und die Welt führen können. Die Förderung von Wahrnehmungs-, Erkenntnis- und Selbstbildungsprozessen ist daher von wesentlicher Bedeutung.

Insbesondere in den ersten Lebensjahren lernen Kinder (zunächst ausschließlich) aus dem, was sie über ihre eigenen Sinne erfahren. Darüber erschließen sie sich die Wirklichkeit, konstruieren ihre Bilder von der Welt und geben ihnen ihre subjektive Bedeutung. Dieser individuelle Verarbeitungsprozess knüpft an bereits im Kopf bestehende Bilder sowie an vorhandene Erfahrungen und Vorstellungen an. Eine wachsende Vielzahl von Bildern ermöglicht facettenreiches, kreatives Denken und ein sich stetig erweiterndes Verständnis der Welt. Diese Bildungsprozesse werden dadurch unterstützt, dass Kinder vielfältige Möglichkeiten haben, das, was sie wahrnehmen, nicht nur als inneres Bild zu konstruieren, sondern auch als äußeres Bild gestalten und ausdrücken zu können. Hier gewinnen alle Bereiche, die vielfältige

Sinneserfahrungen und Ausdrucksformen ermöglichen, große Bedeutung. Dazu zählen insbesondere das freie Spiel, jede Form des Gestaltens, Musik, Tanz, Bewegung, Rollenspiele und Singen.

An dieser Stelle werden die Bereiche „Gestalten" und „Musik" differenzierter ausgeführt, da die übrigen Bereiche bereits in anderen Kapiteln beschrieben sind.

Gestalten

Gestalten kann als eine besondere Form des Spielens bezeichnet werden. Vor allem jüngere Kinder trennen kaum zwischen Spielen und Gestalten. Im Gegensatz zum Spiel vollzieht sich das Gestalten stärker entlang der gewählten Stoffe, Materialien und Medien. Dabei werden viele unterschiedliche Dinge zum gestalterischen Tun genutzt. Kinder lieben es, Spuren zu hinterlassen, sei es durch Malen und Zeichnen auf Papier oder im Sand, durch Arbeiten mit Holz, durch Formen von Ton etc. So machen sie positive Erfahrungen hinsichtlich ihrer Selbstwirksamkeit und vollziehen einen Entwicklungs- und Erfahrungsprozess. Dabei geht es nicht um die Erstellung eines fertigen Produktes, sondern um das Gestalten an sich und die Entwicklung neuer innerer und äußerer Bilder und damit um das Neukonstruieren von Wirklichkeit und die Aneignung eines neuen Stückchens Welt. Mit diesem freien, selbstbestimmten und lustbetonten Tun kann eine große psychohygienische Wirkung verbunden sein. Kinder können ihre Gefühle ausdrücken, Wahrgenommenes und Erlebtes mitteilen, reflektieren und verarbeiten.

Die Vielfältigkeit der Materialien und das Kennenlernen verschiedener Techniken ermöglichen dem Kind, unterschiedliche Gestaltungsweisen auszuprobieren und damit immer wieder neu eigene Wirklichkeit abzubilden, umzuformen und zu verfeinern. Gleichzeitig bietet das kreative Gestalten mit verschiedenen Materialien vielfältige Wege, Wissen über die Welt zu erfahren und zu erweitern. Durch Anschauen, Anfassen, Bearbeiten wird die Beschaffenheit des jeweiligen Materials erfasst, verglichen, sortiert, auf die Probe gestellt und in (neue) Zusammenhänge gesetzt. Darüber hinaus fördern Gestaltungsprozesse die Feinmotorik und Körperkoordination, die Konzentrationsfähigkeit und Ausdauer sowie die Fern- und Nahsinne.

Musik

Musik ist ein Bereich, der Kinder (spätestens) von Geburt an fasziniert. Sie haben ein großes Interesse an Geräuschen, Tönen, Klängen, die sie selbst erzeugen bzw. denen sie lauschen können. Schon im ersten Lebensjahr nimmt das Kind klangliche Eindrücke wahr und speichert Laut- und Klangmuster. Mit zunehmendem Alter kann es Lieder, Reime und Musikstücke als komplexe musikalische und klangliche Bilder erfassen.

Musik spricht die Sinne in vielerlei Weise an, lässt Bilder im Kopf entstehen, berührt (teilweise tiefgreifend) und bietet vielfältige Ausdrucksmöglichkeiten. Musik ermöglicht Kindern, Empfindungen wahrzunehmen und auszudrücken, die sie noch nicht in Worte fassen können, wie zum Beispiel Traurigkeit oder Sehnsucht. Damit kann Musik wesentlich zur inneren Ausgeglichenheit beitragen.

Gemeinsames Singen und Musizieren macht Kindern Freude und fördert sie auf vielerlei Weise. Insbesondere, wenn die Betrachtungsweise von Musik und Musikalität nicht eng gefasst wird, sondern den geräusch- und klangvollen Alltag einbezieht, ergeben sich für Kinder im Tagesverlauf zahlreiche musikalische Wahrnehmungs- und Erfahrungsmöglichkeiten. Dazu kann das Hören von Regentropfen auf dem Fensterbrett genauso gehören wie das rhythmische Zählen von Treppenstufen oder Wanderschritten. Auch der eigene Körper kann zum Klang- und Geräuschinstrument werden. Klangeigenschaften unterschiedlicher Materialien können erforscht und verarbeitet werden. Durch gemeinsames Singen und Musizieren, durch das Sprechen von Versen und (Abzähl)-Reimen erfahren die Kinder Brauchtum und Kulturgut. Damit einhergehen Offenheit zur Begegnung mit anderen Kulturen, aber auch eine Stärkung des eigenen kulturellen Bewusstseins.

Musik fördert die kindliche Intelligenz. Aktives Musizieren lässt beide Gehirnhälften gemeinsam in Aktion treten. Dadurch entsteht im Kopf des Kindes ein differenziertes großes neuronales Netzwerk. Musik hat eine wesentliche Bedeutung für alle Kinder. Sie bietet die Möglichkeit, sich mit Gruppen und Musikstilen zu identifizieren. Über Musik können Stimmungen abgebaut oder intensiviert werden. Das Spielen in Gruppen oder Bands bzw. das Singen im Chor ermöglicht einerseits, sich selber auszudrücken, fordert aber auch empfindsames Hinhören und sich Einordnen. Soziales Lernen, Kontakt- und Teamfähigkeit werden durch gemeinschaftliches Singen, Musizieren und Tanzen gefördert.

Musikalische oder akustische Rituale können die Aufmerksamkeit der Kinder auf regelmäßig wiederkehrende Ereignisse oder Aktivitäten lenken und ihnen Sicherheit geben.

Musik, Rhythmik, Sprache und Bewegung gehören untrennbar zusammen. Musik ist eine sinnliche Sprache des Menschen und ein wesentlicher Bereich ästhetischer Bildung.

Leitidee

Kinder entwickeln sich durch aktive und kreative Auseinandersetzung mit ihrer Umwelt. Sie lernen hauptsächlich über Wahrnehmungen und Erfahrungen aus erster Hand. Sinnliche Wahrnehmungen und Erlebnisse fördern die Kreativität und Fantasie der Kinder, helfen ihnen, innere Bilder zu entwickeln und sich die Welt anzueignen. Dies bezieht sich nicht nur auf den musisch-künstlerischen Bereich, sondern auf alle Bereiche alltäglichen Lebens.

Durch Gestalten, Musik, Singen, freies Spiel, Tanz, Bewegung, Rollenspiel finden Kinder vielseitige Möglichkeiten für sinnliche Wahrnehmung und Erlebnisse sowie Anregung und Unterstützung, die inneren Bilder auszudrücken. Dafür brauchen Kinder Freiheiten hinsichtlich Raum, Zeit, Spielpartner, Material und Tätigkeiten. Kinder haben durch die Auseinandersetzung mit Künsten die Möglichkeit, ihre kreativen Denk- und Handlungsmuster weiterzuentwickeln.

Das Kind erfährt Musik und Kunst als Quelle von Freude und Entspannung sowie als Anregung zur Kreativität, zum Beispiel im Singen, Tanzen und Malen. Musik und bildende Kunst werden als feste Bestandteile seiner Erlebniswelt und als Möglichkeiten, Emotionen und Stimmungen auszudrücken und zu verarbeiten, erlebt.

Bildungsmöglichkeiten

Kindern wird die Möglichkeit gegeben,

- gemeinsames Singen und Musizieren als ein verbindendes, sozial geprägtes Erlebnis wahrzunehmen,
- vielfältige Gestaltungsmaterialien und Techniken sowie verschiedene einfache Instrumente kennenzulernen und einzusetzen,
- Fertigkeiten im Umgang mit Materialien, Werkzeugen und Musikinstrumenten zu erwerben,
- ihre Wahrnehmungen und ihre Gefühle auf unterschiedliche Weise auszudrücken und mitzuteilen,
- Mut zu eigenen Schöpfungen zu finden,
- die Beschaffenheit und spezifischen Eigenarten unterschiedlicher Materialien kennenzulernen sowie Klang- und Geräuscheigenschaften verschiedener Gegenstände und Materialien zu erfahren,
- durch sinnesanregende Impulse ihre Aufmerksamkeit zu schärfen und ihren Wahrnehmungshorizont zu erweitern, Fantasie und Vorstellungskraft einzusetzen, auszugestalten und weiterzuentwickeln
- …

Leitfragen zur Unterstützung und Gestaltung von Bildungsmöglichkeiten

- Haben die Kinder im Tagesverlauf ausreichend Gelegenheit für freie, selbstbestimmte, sinnesanregende Tätigkeiten und das Entwickeln kreativer Ideen?
- Wird den Kindern die Gelegenheit zum gemeinschaftlichen Singen und Musizieren gegeben?
- Haben die Kinder ausreichend Materialien, die zum gestalterischen Tun anregen (z.B. großer Klumpen Ton zum freien Gestalten, großes Papier zum Bemalen)?
- Treffen Gestaltungsmaterialien, Musikinstrumente sowie andere sinnesanregende Materialien und Gegenstände auf das Interesse der Kinder?
- Werden die Arbeitsergebnisse der Kinder, ihre Kreativität und Originalität wertgeschätzt und die Kinder durch offene und ermutigende Kommunikation angeregt, sich und ihre Empfindungen mitzuteilen?
- Werden die vorhandene Neugierde und die Experimentierbereitschaft der Kinder zum Beispiel beim Umgang mit Gestaltungsmaterialien, mit Musikinstrumenten bzw. bei

Bewegung und Tanz berücksichtigt und gestärkt?

- Erhalten die Kinder offene Impulse, die ihre Fantasie und Vorstellungskraft anregen und ihnen die Möglichkeit geben, ihre Gefühle und Gedanken auszudrücken (durch Kommunikation, durch Geschichten, Lieder etc.)?
- Gebe ich den Kindern den Freiraum, nach ihrem Zeitmaß mit verschiedenen Materialien zu experimentieren, zu matschen, zu kleistern, zu kleben, zu schmieren (ohne dass ein „fertiges Produkt" entsteht)?
- ...

Materialien/Settings als Denkanstöße

- sinnesanregende Raumgestaltung und Materialien,
- Herstellung von Kontakten zu professionellen Künstlerinnen und Künstlern, um durch Einbringen einer externen Perspektive den Erfahrungsraum der Kinder zu bereichern,
- reichhaltige jederzeit zugängliche Ausstattung an Materialien (verschiedene Formen und Größen von Papier in unterschiedlicher Beschaffenheit, flüssige und feste Farben, Wasser, Ton, Knete, Holz, den Materialien entsprechender Klebstoff, Naturmaterialien, Pinsel in verschiedenen Größen und Stärken, Malstifte in verschiedenen Größen und Stärken, Sand, Legematerialien, Wolle, Stoffe, Perlen, Pappen, Kartons in unterschiedlichen Größen, Staffeleien, Scheren, Modellierwerkzeug etc.),
- Ausstellungsplätze für fertige Werke,
- ausreichend Licht und Platz zum freien Arbeiten,
- sichtbare Materialien in offenen Regalen,
- Anregung durch ausgestellte Werkstücke, Kunstdrucke etc.,
- klingende Objekte drinnen und draußen (Geräuscheraten, Gong, Glocken, Regenstab etc.),
- unterschiedliche Instrumente, die die Kinder benutzen können (von Glockenspiel bis Klavier etc.), sowie „unbekannte" Instrumente aus verschiedenen Kulturen,
- Musik unterschiedlichster Stilrichtungen (Kinderlieder, Klassikstücke, „Disco", Tanzmusik, Musik aus anderen Ländern),
- Tücher, Bänder, Verkleidungsgegenstände, Mikrofon,
- sinnesanregende, zum musikalischen Tun motivierend gestaltete Bereiche
- ...

6. Religion und Ethik

Ein ganzheitliches Bildungsverständnis schließt religiöse Bildung und ethische Orientierung mit ein. Sie sind wesentliche Aspekte von Bildung und ermöglichen es, Sinnzusammenhänge zu erfassen, die das „Ganze" der Welt erschließen und Fragen nach dem Woher, Wohin und Wozu beantworten können.

Kinder haben ein Recht auf Religion und religiöse Bildung. Entsprechend Artikel 7 der Landesverfassung ist „Ehrfurcht vor Gott, Achtung vor der Würde des Menschen und Bereitschaft zum sozialen Handeln zu wecken, vornehmstes Ziel der Erziehung" und damit wesentlicher Bestandteil der Bildung, Erziehung und Betreuung im Elementar- und Primarbereich.

Unsere heutige Gesellschaft wird durch eine Vielfalt der Religionen geprägt. Daher gibt es an den Schulen in Nordrhein-Westfalen inzwischen Religionsunterricht in sieben Bekenntnissen (katholisch, evangelisch, griechisch-orthodox, syrisch-orthodox, jüdisch, islamisch und alevitisch). Allerdings gibt es in den Grundschulen im Unterschied zur Sekundarstufe I zurzeit noch kein Fach für die Kinder, deren Eltern keinen Religionsunterricht wünschen, doch gebührt auch denjenigen Respekt, die ihre ethische Orientierung nicht aus einer Religion, sondern aus anderen weltanschaulichen Grundlagen ableiten.

Jedes Kind bringt Offenheit und Neugierde für oft mit Religion und anderen Weltanschauungen verbundene Fragen mit. Es steht in Beziehung zu sich selbst, zu anderen Menschen, zur Welt und – je nach religiöser Orientierung – zu Gott/Allah oder einer anderen transzendenten Macht. Wenn Kinder die Welt erforschen, stellen sie Fragen nach dem Anfang und Ende, nach dem Sinn und dem Wert des Lebens. Sie staunen über das, was sie wahrnehmen, und sind fasziniert von dem, was sie nicht sehen. Sie wollen den Rätseln, die sich ihnen auftun, auf den Grund gehen und suchen nach Anhaltspunkten für ein gutes, gerechtes und sinnvolles Leben. Die Auseinandersetzung mit weltanschaulichen Fragen und Traditionen und die Kenntnis religiöser und ethischer Deutungen sind ein wesentlicher Baustein, um eigene Antworten zu finden und die eigene Identität herauszubilden.

In ihrem Alltag begegnen Kinder vielfältigen religiösen Symbolen und Bräuchen. Dazu gehören Gebäude, Formen gelebten Glaubens, religiöse Feste, Lieder und Gebete sowie Zeiten im Jahreskreis. Dieses Erleben, verbunden mit Erklärungen, hilft den Kindern, sich der eigenen Tradition zu vergewissern. Religion bietet Auffassungen von Gott, Welt und Mensch an, mit denen Kinder sich identifizieren können, und trägt zur ganzheitlichen Entwicklung und Stärkung der Persönlichkeit bei.

Altersangemessene religionspädagogische Angebote in Kindertageseinrichtungen und Grundschulen unterstützen die religiöse Aufgeschlossenheit der Kinder. Die Kinder erhalten Begleitung und Anregungen bei ihren Fragen nach Lebenssinn und Lebensinhalt und nach Gott und der Welt. Die pädagogische Arbeit im Elementar- und Primarbereich bezieht grundsätzlich die Lebensbezüge, Erfahrungen, Stärken und Bedürfnisse, Interessen und Fragen der Kinder ein. Dazu gehören auch Erfahrungen, die Kinder mit Religion machen, sowie Antworten, die Religionen auf die Fragen der Kinder anbieten können. Dabei sind Ehrfurcht vor dem Leben, verantwortliches Handeln, der Sinn nach Gerechtigkeit und friedlichem Zusammenleben sowie Solidarität mit den Schwächeren wesentliche Bestandteile religiöser Bildung.

Unsere Gesellschaft ist zunehmend multireligiös geprägt. Dies spiegelt sich auch in den Kindertageseinrichtungen und Grundschulen wider. Daher sind Offenheit und Akzeptanz im interreligiösen Dialog wichtige Qualitätsmerkmale der pädagogischen Arbeit im Elementar- und Primarbereich. Durch die Wahrnehmung und Anerkennung der Vielfalt der Kulturen und Religionen wird ein wichtiger Beitrag zum Miteinanderleben und zu mehr Chancengleichheit geleistet. In einer pluralen Welt setzt die Vermittlung religiöser Bildung eine eigene Position voraus.

Religiöse Bildung fördert Identitätsbildung und Dialogfähigkeit. Das Kennenlernen anderer Religionen hilft, Fremdes zu verstehen und einzuordnen, und stärkt die eigene Identität. Hieraus ergibt sich Offenheit gegenüber anderen Religionen.

Religiöse Bildung und ethische Orientierung sind miteinander verbunden und Teil der allgemeinen und ganzheitlichen Bildung. Religion und Glaube beantworten nicht nur die Grundfragen des Lebens, sondern begründen auch die Werte und Normen, an denen sich Menschen orientieren können. Gleichzeitig ermöglichen sie einen besseren Umgang mit biografischen Brüchen und Lebenskrisen.

Religiöse Bildung ermöglicht die Entwicklung von ethischen Einstellungen und sozialen Haltungen. Ethische Orientierung erwächst aus einer mit Kindern geteilten Lebenspraxis. Der Zusammenhang von Erfahrung, Lernen, Wissen, Können, Wertebewusstsein und Handeln im Hinblick auf sinnstiftende Lebensdeutungen ist von grundlegender Bedeutung.

Religiöse Bildung zieht sich durch alle Bildungsbereiche, wie zum Beispiel Sprache, Musik, Natur und Kultur sowie soziale und interkulturelle Bildung. Sie ist nicht herausgelöst aus den übrigen Lebens- und Bildungszusammenhängen, sondern darin eingebettet. Dabei behält sie jedoch ihren eigenen Stellenwert und ihren eigenen Schwerpunkt.

Religiöse Bildung und ethische Orientierung sind eine wichtige, aber auch sensible Aufgabe für die Fach- und Lehrkräfte. Die Reflexion der eigenen Haltung und des eigenen Zugangs zu Religion sowie der eigenen Wertvorstellungen sind ebenfalls von großer Bedeutung. Kinder brauchen Erwachsene, von denen sie Glaubenshaltungen erfahren können. Dadurch können sie Orientierung, Annahme, Sicherheit und Geborgenheit finden. Gleichzeitig benötigen sie Kompetenzen und Möglichkeiten, sich mit unterschiedlichen Glaubenshaltungen auseinandersetzen zu können.

Im Rahmen des Unterrichts in der Grundschule wird dieser Bildungsbereich weiter inhaltlich aufgegriffen. Neben konfessionell orientiertem Religionsunterricht mit den daraus erwachsenden Kompetenzerwartungen werden auch zentrale allgemeine Kompetenzen, wie zum Beispiel Anteilnahme und Verantwortung, Dialog- und Kritikfähigkeit, Selbst- und Fremdwahrnehmung, weiter ausgebildet.

Leitidee

Kinder zeigen ein großes Interesse an religiösen Geschichten, Erzählungen, Liedern, Festen, Symbolen und Ritualen.

Kinder sind fasziniert von allem Lebendigen und zugleich von der Frage nach Sterben und Tod. Sie fragen nachhaltig danach, wer sie sind und woher sie kommen. Kinder nehmen die Welt mit allen Sinnen, mit Gefühl und Verstand wahr und entwickeln dadurch ihr eigenes Welt- und Selbstbild.

Kinder erleben auf sehr individuelle Weise existenzielle Erfahrungen wie Angst, Verlassenheit, Vertrauen und Geborgensein, Glück, Gelingen, Scheitern, Bindung, Autonomie, Mut und Hoffnung. Sie benötigen daher von Anfang an Zuneigung, Annahme und Liebe. Die Ausbildung des Selbst und der Identität liegt in der Eigenaktivität des Kindes und ist gleichzeitig vielfach eine Frage erlebten, unbedingten Vertrauens. Spirituelle Erfahrungen können Kindern Wege zu eigenen in ihrer Religion oder Weltanschauung begründeten Erfahrungen und zu innerer Stärke eröffnen. Dazu brauchen Kinder Raum, selbstbestimmte Zeit und Erwachsene, die sich zu ihrem Glauben bekennen und ihren Glauben leben.

Religiöse Bildung soll dazu beitragen, dass Kinder sich in dieser Welt besser zurechtfinden und befähigt werden, sie mitzugestalten. Dabei formulieren Religionen begründete Werte und Normen, die den Kindern Halt und Orientierung für ein gelingendes Leben geben können. Sie bieten Auffassungen von Gott, Welt und Mensch an, mit denen Kinder sich identifizieren können, und tragen zur Entwicklung und Stärkung der Persönlichkeit bei.

Bildungsmöglichkeiten

Kindern wird die Möglichkeit gegeben,

- unterschiedliche Formen von Weltanschauung, Glaube und Religion zu erfahren,
- ihre multikulturelle und multireligiöse Lebenswelt wahrzunehmen und zu erleben,
- Sinn- und Bedeutungsfragen zu stellen,
- Feste und Rituale aus eigenen und anderen Kulturkreisen zu entdecken,
- eigene spirituelle Erfahrungen zu machen und ein eigenes Gottesbild zu entwickeln,
- durch die Vermittlung religiöser Offenbarungen innere Stärke und Zuversicht zu gewinnen,
- Sensibilität für religiöse Wahrnehmungen zu entwickeln (z.B. Staunen über Dinge und Lebewesen in der Natur, Wundern über geheimnisvolle Ereignisse, Ahnen von Zusammenhängen, die nicht offenkundig sind),
- Werthaltungen kennenzulernen und eigene Standpunkte zu finden (insbesondere zu Themen wie Achtung, Akzeptanz, Toleranz, Verantwortung für sich und andere sowie die Natur und Umwelt, Solidarität),
- Religion als kulturprägende Kraft kennenzulernen, sich damit auseinanderzusetzen und dadurch einen wesentlichen Teil ihrer Kulturgeschichte kennenzulernen,
- sich ihrer eigenen (religiösen) Tradition zu vergewissern,
- Unterschiede und Gemeinsamkeiten der Werte von Religionen, insbesondere der drei monotheistischen Weltreligionen, zu erfahren
- ...

Leitfragen zur Unterstützung und Gestaltung von Bildungsmöglichkeiten

- Werden Kinder angeregt, Fragen zu stellen zum Sinn des Lebens, Gott und der Welt und wird mit ihnen gemeinsam nach Antworten gesucht?
- Werden Kinder angeregt, die Welt zu ergründen und werden sie dabei sensibel und offen begleitet?

- Wird dem Kind angeboten, sich selbst und andere Kinder als Geschöpfe Gottes zu begreifen und trotz Unterschiedlichkeit als zusammengehörig zu entdecken?
- Finden Kinder Möglichkeiten und Formen, sich mit ihrem eigenen Glauben auseinanderzusetzen und diesen auszudrücken? Sind religiöse Inhalte, Rituale und Werthaltungen in den Alltag der Kinder eingebettet?
- Kann das Kind Ausdrucksformen der Identität, der Solidarität, der Werthaltung, der Hoffnung, der Vergebung kennenlernen?
- Werden unterschiedliche Situationen für gelebten Glauben geschaffen (z.B. Feiern von Gottesdiensten, Sorgen für Schwächere, gemeinsames Feiern von religiösen Festen)?
- Werden die unterschiedlichen Religionen der Kinder ernst genommen und in der Gestaltung der Arbeit berücksichtigt (z.B. Berücksichtigung der Speisevorschriften beim Kochen, unterschiedliche Feste im Jahreskreis, unterschiedliche Bräuche)?
- Habe ich als pädagogische Fachkraft bzw. Lehrkraft meine eigene Werthaltung, mein Menschen- und Gottesbild so reflektiert, dass ich Kinder in ihrer religiösen Entwicklung offen und sensibel begleiten kann?
- Haben Kinder die Möglichkeit zu spirituellen Erfahrungen?
- ...

Materialien/Settings als Denkanstöße

- Regeln für den Umgang miteinander finden und verabreden (z.B. Aufmalen, gemeinsam Konfliktlösestrategien entwickeln),
- gemeinsame Aktionen, die das Vertrauen in andere Kinder fördern, zum Beispiel durch Kooperationsübungen,
- Naturbegegnungen und -erfahrungen, Ausflüge zu Themen wie Bewahrung der Schöpfung, Umweltschutz,
- Schöpfung erleben durch das Säen und Pflegen von Pflanzen,
- altersangemessene religiöse Literatur (z.B. Kinderbibeln, religiöse Bilderbücher),
- gemeinschaftsstiftende, religiös geprägte Elemente und Rituale im Tagesablauf (z.B. gemeinsames Beten, Singen, Geschichten erzählen, Bilder zum Betrachten und zur Meditation),
- Einbeziehung von Liedern, biblischen Geschichten und Texten, Gebeten, religiösen Symbolen, Ritualen in den Alltag,
- Gestaltung und Feiern von Gottesdiensten,
- gemeinsames Vorbereiten und Gestalten multikultureller Aktionen und Feste sowie gemeinsames Vorbereiten und Feiern religiöser Feste im Jahreskreis,
- Besuch von religiösen Einrichtungen (Kirche, Moschee, Synagoge, Tempel u.a.) und Kontaktaufbau zu verschiedenen religiösen oder weltanschaulichen Gemeinschaften, Beteiligung an Festivitäten oder Basaren durch die Einrichtung bzw. über (zugewanderte) Eltern als Brückenbauer, aktive Einbindung der Kinder durch Übernahme von Programmpunkten (Aufführungen, Tänze etc.),
- Einbezug von Eltern aller Kulturen in den Alltag (Austausch, Essen etc.),
- Kennenlernen von Liedern und Reimen unterschiedlicher Kulturen,
- Mitbringen von Gegenständen der eigenen Religion (Gebetskettchen, Bibel, Koran, Rosenkranz, Kreuz, Gebetsteppich, Kippa etc.),
- Elternabende oder -nachmittage zu religiösen Inhalten,
- Kooperation mit interkulturellen Fachdiensten (z.B. Migrationsfachdienste),
- das Gemeinsame der verschiedenen Religionen, insbesondere bei gemeinsamen Aktivitäten, in den Mittelpunkt stellen,
- Kindern Raum und Rückzugsmöglichkeiten für religiöse und spirituelle Besinnung und Stille geben
- ...

7. Mathematische Bildung

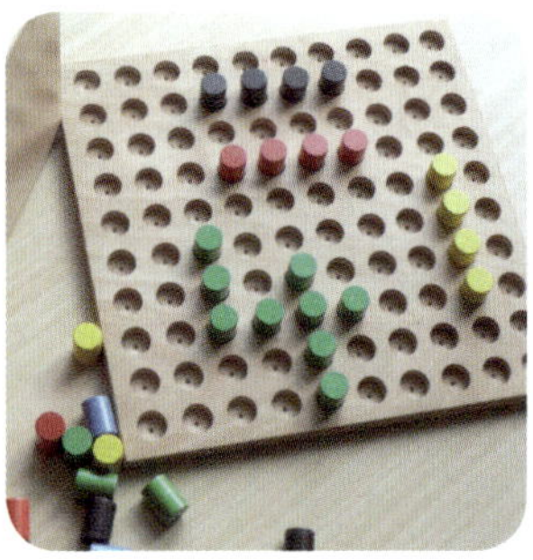

Unsere Welt steckt voller Mathematik. Viele Kinder lieben es, Dinge zu zählen, übertreffen sich beim Aufsagen der Zahlwortreihe, benutzen gerne Abzählreime oder sind fasziniert von großen Zahlen. In der Symmetrie von Pflanzen, in den Zeichnungen eines Schmetterlingsflügels, in einem Kachelmuster oder einem Kirchenfenster sind ebenso mathematische Strukturen zu entdecken wie beim Hören eines Musikstückes oder beim Spielen von Musikinstrumenten. Kinder nehmen beim Klettern, Toben und Verstecken verschiedene räumliche Perspektiven ein und experimentieren beim Bauen mit geometrischen Formen. Spiel- und Alltagsgegenstände werden in vielfältiger Weise geordnet oder klassifiziert, verglichen oder benannt. Muster können gezeichnet, gefaltet und ausgeschnitten werden. Die Dimension von Zeit wird in unterschiedlichsten Situationen erfahrbar (z.B. Tag und Nacht, Jahreszeiten, Geburtstag), und Kinder machen erste Erfahrungen beim Messen und Wiegen sowie beim Umgang mit Geld.

Die Alltäglichkeit der Mathematik kann den Kindern bewusst werden, indem ihnen viele Möglichkeiten angeboten werden, Beziehungen zu entdecken, Strukturen und Regelmäßigkeiten aufzuspüren, zu beschreiben und für sich zu nutzen. Die Kinder erleben, dass Mathematik viel mit ihrer Lebenswelt zu tun hat und alltägliche Probleme mithilfe der Mathematik gelöst werden können. Hierbei wird das Interesse an mathematischer Bildung geschlechterunabhängig von den Fach- und Lehrkräften unterstützt. Die Kinder erfahren sich als kompetente kleine Forscher und Entdecker in diesem Bereich.
Dabei geht es keinesfalls um vorschnelle Lösungen, das frühe Einüben von Regeln oder das Trainieren von Fertigkeiten. Der Spaß am Entdecken, die Freude am Lösen kniffliger Probleme und Rätsel, der Austausch mit anderen Kindern und auch Erwachsenen über verschiedene Lösungsmöglichkeiten und das Nachdenken über eigene Vorstellungen sind sinnvolle Interaktionen und fördern eine positive Haltung zur Mathematik. In diesem Zusammenhang spielen Sprache und Kommunikation eine bedeutende Rolle. Anderen zu erklären, wie man vorgegangen ist, was man sich gedacht hat, den anderen zuzuhören, welche Ideen sie entwickelt haben, und diese nachzuvollziehen, sind wichtige Elemente auch im Bereich des sozialen Lernens sowie im Bereich der Sprache. Das Sprechen über das eigene Tun strukturiert zudem Denkprozesse und fördert die Reflexion über eigene Vorstellungen.
Die gesamte Einrichtung und Umgebung sowie Alltags- und Spielmaterialien können zu mathematischen „Settings" genutzt werden. Dazu bedarf es keiner teuren didaktischen Materialien oder Programme, die in ihrem Arrangement häufig zu konstruiert sind und eine „vereinfachte Welt" darstellen und somit den Kindern das Gefühl vermitteln, dass Mathematik nichts mit ihrer Wirklichkeit zu tun hat.

Neben dem Aspekt der Anwendungsorientierung, zum Beispiel zur Lösung praktischer Probleme, gibt es noch den Aspekt der innermathematischen Beziehungen, mit denen komplexe Situationen strukturiert werden können. Die Ästhetik schöner Muster und die allgemeine Denkerziehung spielen dabei eine entscheidende Rolle. Erst wenn sich beide Aspekte aufeinander beziehen, kann die Stärke der Mathematik voll zur Entfaltung kommen. Gerade Kinder haben ein intuitives Gespür für Muster und Regelmäßigkeiten und können so Mathematik betreiben und Freude an mathematischen Aktivitäten entwickeln.
Mit diesen Erfahrungen und einem gestärktem Selbstkonzept begegnen die Kinder in der Schule der Mathematik neugierig, interessiert und voller Selbstvertrauen. Das Entdecken, Erforschen und Erklären auch im sozialen Austausch zwischen Kindern und Fach- und Lehrkräften sowie zwischen Kindern untereinander gehören in der Grundschule zu wichtigen

Elementen eines modernen Mathematikunterrichts. Grundlegende Strukturen, wie zum Beispiel der Aufbau des Zahlensystems oder Rechengesetze, werden in wachsenden Zahlenräumen systematisch erarbeitet, geübt und in vielfältigen Problemsituationen angewendet.

Leitidee

Kinder erleben Mathematik in für sie interessanten und bedeutsamen Zusammenhängen. Im gemeinsamen aktiven Forschen, Entdecken und Experimentieren entwickeln sie eigene Wege, ihre Umwelt zu mathematisieren, mathematische Sachverhalte zu erforschen und Probleme mithilfe der Mathematik zu lösen. Ausgehend von konkreten Erfahrungen und praktischem Tun gelangen sie vom Konkreten zum Abstrakten, entwickeln ein mathematisches Grundverständnis und setzen sich mit den Grundideen der Mathematik auseinander (Idee der Zahl, der Form, der Gesetzmäßigkeiten und Muster, des Teils und des Ganzen, der Symmetrie). Sie erfahren, dass ihre eigenen Ideen und Lösungsvorschläge wertvoll und anerkennenswert sind und dass Irrtümer und Fehler auf dem Weg zum Problemlösen konstruktiv genutzt werden können. Mathematische Lernvorgänge stehen im engen Verhältnis zu anderen Bereichen wie Musik, Sport, Naturwissenschaft und Technik. Der Sprache kommt dabei eine besondere Bedeutung zu, weil sie die Basis für mathematisches Denken bietet und sich im Austausch mit anderen mathematisches Grundverständnis erst entwickelt und verfeinert.

Bildungsmöglichkeiten

Kindern wird die Möglichkeit gegeben,

- einfache Muster zu entdecken und zu beschreiben und Regelmäßigkeiten (Ornamente, Bodenfliesen, gelegte Plättchenreihen etc.) fortzusetzen oder selbst herzustellen,
- verschiedene Ordnungssysteme kennenzulernen (Kalender, Uhr, Regal etc.) und darin Strukturen zu entdecken,
- ein Zahlenverständnis zu entwickeln (z.B. Zahl als Anzahl, Zahl als Ordnungszahl),
- durch Tätigkeiten wie Messen, Wiegen und Vergleichen Größenvergleiche durchzuführen und Gegenstände nach Merkmalen zu sortieren,
- Raum-Lage-Beziehungen zu erfahren, zu beschreiben und dabei Begriffe wie „oben“, „unten“, „rechts“, „links“ zu verwenden,
- geometrische Grundformen und ihre Eigenschaften zu unterscheiden und sie in der Umwelt wiederzuerkennen
- …

Leitfragen zur Unterstützung und Gestaltung von Bildungsmöglichkeiten

- Gibt es für Kinder die Möglichkeit, das Konzept der Menge in Alltagssituationen aufzugreifen (Wie viele Kinder sind in unserer Gruppe? Wie viele Jungen und Mädchen gibt es in unserer Gruppe? Dinge zählen und vergleichen, Mengen gerecht – gleich groß – aufteilen etc.)?
- Stelle ich den Kindern vielfältige Materialien zum Ordnen, Sortieren, Klassifizieren zur Verfügung (Bauklötze, Merkmalplättchen, Perlen, Naturmaterialien etc.)?
- Haben die Kinder die Möglichkeit, in Alltagssituationen mathematische Bezüge zu entdecken (beim Backen, Basteln, Einkaufen, Klettern etc.)?
- Greife ich mathematische Aspekte in Spielsituationen auf (beim Abzählen, beim Aufteilen von Gruppen, beim Würfeln etc.)?
- Werden andere Orte oder Ausflüge zu mathematischen Aktivitäten genutzt (Wie weit ist der Weg? Was kostet es, wenn wir den Bus benutzen? Können wir alle Tiere ansehen, wenn wir in den Zoo gehen?)?
- Werden Zahlen in der Umwelt aufgegriffen und in Beziehung gebracht (Alter, Telefonnummer, Hausnummer, Zahl der Geschwister, Zahlen auf der Uhr, auf dem Kalender)?
- …

Materialien/Settings als Denkanstöße

- Materialien (Perlen, Bausteine, Naturmaterialien) in verschiedenen Farben, Formen, Größen, Gewichten etc. bereitstellen,
- Konzept der Menge aufgreifen (Wie viele Stifte, Treppenstufen, Kinder in der Gruppe haben wir? Wie viele Kinder fehlen heute? Wie viele Bälle brauchen wir, wenn jedes Kind einen bekommen soll? Wie bilden wir zwei gleichgroße Gruppen?),
- Waage, Messbecher, Zollstock, Lineal, Uhr,
- Würfelspiele, Spielsituationen, Tanzspiele etc.,
- Geschichten mit Zahlen, Zahlreime, zum Beispiel „Morgens früh um sechs ...",
- räumliche Überlegungen anstellen (Kletterparcours erfinden, Bauplan einer Spielburg aufmalen, Verstecken spielen, (eigene) Bastelschablonen aufzeichnen),
- Strukturen von Abläufen erkennen (Tag und Nacht, Woche, Tagesplan in der Kindertageseinrichtung, Jahreslauf, Geburtstage),
- verschiedene Kalender anbieten, vergleichen, nutzen und selbst erstellen (z.B. Geburtstagskalender),
- „Zahlenjagd" (Auf der Suche nach Zahlen in unserer Umwelt),
- Erstellung von Stadtplänen mit Plätzen, Orten, Gebäuden, die für Kinder interessant oder von Bedeutung sind,
- Erfahrungen mit Geld (Einkaufen, Taschengeld, Spielgeld etc.),
- Entfernungen und Geschwindigkeiten wahrnehmen (Wie weit ist der nächste Spielplatz/Fußballplatz in Minuten, Metern, Schritten? Wie schnell dreht sich das Karussell?),
- Umgang mit Taschenrechner und mathematischer Computer-Software
- ...

8. Naturwissenschaftlich-technische Bildung

„Das Erstaunen ist der Beginn aller Naturwissenschaften“ (Aristoteles).

Wie fliegen Vögel? Woher kommt der Regenbogen? Wieso sprudelt Brause? Ein Kind kann in wenigen Minuten mehr solcher Fragen stellen, als ein Nobelpreisträger in seinem ganzen Leben beantworten kann. Kinder sind ständig dabei, mit Fragen und Ausprobieren etwas über ihre Umwelt herauszufinden. Sie verfolgen mit großem Interesse die Vorgänge in ihrer Umgebung, beobachten sie unvoreingenommener als Erwachsene und können noch staunen, wenn etwas Unvorhergesehenes passiert. Mit ihren Warum-Fragen fordern sie Erklärungen geradezu hartnäckig ein und geben sich dabei mit oberflächlichen Antworten selten zufrieden. Sie möchten hinter die Dinge schauen und sie verstehen. In diesem Sinne findet Selbstbildung durch „Aneignung von Welt“ statt.
Erwachsene, die kindliche Forschungstätigkeiten beobachten, sind beeindruckt von dem eigenaktiven Tun und von dem, was offensichtlich in den Köpfen der Kinder vor sich geht. Dabei gehen Kinder keinesfalls so systematisch und rational wie Erwachsene vor. Stattdessen probieren sie allerlei aus, beobachten, was passiert, entwickeln spielend und forschend weitere Ideen, setzen sie um und nähern sich so auf ihre Art neuen Erkenntnissen. Gerade Naturphänomene der unbelebten Natur lassen sich durch „Wenn-dann-Bezüge“ deuten und entsprechen in besonderer Weise der Vorgehens- und Denkweise von Kindern und ihrem großen Wissensdrang. Neben der Beschäftigung mit der belebten Natur, zum Beispiel mit Tieren und Pflanzen – traditionell von großer Bedeutung in der Bildungsarbeit in Kindertagespflege, Kindertageseinrichtungen und an Grundschulen –, steht und fällt die Etablierung der naturwissenschaftlichen Bildung mit der Resonanz der Kinder auf die Hinführung zur Beschäftigung mit der unbelebten Natur, also zum Beispiel mit Elementen wie Wasser, Feuer und Luft etc. Neben der Beobachtung als Methode nimmt dabei auch das Experiment einen hohen Stellenwert ein. Damit ist jedoch keinesfalls gemeint, ein Experiment an das andere zu reihen. Einige wenige gut ausgewählte Experimente mit Materialien, die den Kindern aus ihrem Alltag ohnehin bekannt sind (Wasser, Sand, Kerzen, Gläser, Trinkhalme, Luftballons, Papier etc.), und an Fragestellungen der Kinder oder aktuelle Begebenheiten anknüpfen, versprechen eine größere Wirkung als fremdbestimmte Versuchsreihen.
Es geht auch nicht um vorschnelle Beantwortung von Fragen oder das Ansammeln von Faktenwissen in Einzeldisziplinen wie Biologie, Physik oder Chemie. Vielmehr sollen Kinder ausreichend Gelegenheit erhalten, selbsttätig zu forschen, Erfahrungen zu machen und sich kreativ und aktiv handelnd mit Problemen und Fragestellungen auseinanderzusetzen. Sie erleben sich als kompetent, indem sie Antworten auf Fragen finden, neue Erkenntnisse gewinnen und Zusammenhänge entdecken. Es erfüllt sie zu Recht mit Stolz, wenn sie etwas entdeckt oder herausgefunden haben, und bestärkt sie in dem Bestreben, sich weiter auf forschendes Lernen einzulassen. Offene Fragen können also ein Anlass sein, weitere Experimente durchzuführen oder andere Spuren zu verfolgen.
Eine wesentliche Bedeutung im Zuge naturwissenschaftlicher Bildung nimmt die Haltung der begleitenden Erwachsenen, der Eltern, Fach- und Lehrkräfte ein. Die oft vorherrschende Angst, auf die vielen Fragen der Kinder keine wissenschaftlich abgesicherten Antworten geben zu können, ist unbegründet. Kinder erwarten dies im Grunde auch gar nicht. Allerdings erwarten sie, dass ihre Fragen nicht übergangen werden. Bildungsbegleiterinnen und Begleiter, die sich gemeinsam mit den Kindern auf forschendes Lernen einlassen können, die selbst Begeisterung und Interesse für naturwissenschaftliche Phänomene entwickeln, sind für Kinder positive Vorbilder, von denen sie gerne

etwas lernen möchten. Dabei kommt es auch auf das Bewusstsein an, dass Lernsituationen im naturwissenschaftlich-technischen Bildungsbereich anfällig sind für geschlechterstereotype Zuschreibungen und Erwartungshaltungen, die es aufzulösen gilt.

Naturwissenschaftliches Lernen lässt sich in vielen Alltagssituationen aufgreifen (beim Waldspaziergang, beim Basteln, beim Backen etc.) und realisiert sich besonders ertragreich in Verbindung mit anderen Themenbereichen wie zum Beispiel Mathematik, Ökologie und insbesondere der Technik. Kindern sind technische Geräte und Sachgegenstände vertraut (Radio, CD-Player, MP3-Player, Computer, Toaster, Föhn, Fahrrad, Stuhl etc.), und sie gehen selbstverständlich mit ihnen um. Sie wissen, dass technische Geräte hergestellt werden, dass sie kaputtgehen können und dass man sie wieder reparieren kann. Mit einfachen Werkzeugen und Werkstoffen (Säge, Hammer, Schraubendreher, Holz, Leder, Stoffe etc.) können solche Herstellungs- und Veränderungsprozesse nachgeahmt werden. Kinder haben ein Interesse daran, die Funktionsweise technischer Geräte zu ergründen. Mit großer Akribie nehmen sie alte Geräte, wie zum Beispiel Wecker oder Radio, auseinander und erkunden interessiert deren Innenleben. Erste Wirkungszusammenhänge können so erfahrbar gemacht werden, auch wenn man sie sonst nicht sehen kann.

Technik ist kein isolierter Bereich, sondern eng mit Gesellschaft, Politik, Ökologie etc. verbunden. Auf der einen Seite sind technische Errungenschaften heute nicht mehr wegzudenken, auf der anderen Seite gibt es viele weitere Aspekte des technischen Fortschritts, die unseren Lebensraum und unsere Gesellschaft betreffen (Abfall, Lärm, Reduzierung von Arbeitsplätzen, Begrenztheit von Ressourcen wie Wasser etc.). Für die Kinder bedeutet die Beschäftigung mit technischen Fragestellungen zum einen also Entwicklung zu einem positiven Technikbewusstsein, um sich in unserer technisch geprägten Umwelt gut zurechtzufinden, zum anderen aber auch die Möglichkeit, eine kritische Haltung aufzubauen.

In der Schule werden im Rahmen des Sachunterrichts naturwissenschaftliche und technische Problemstellungen weiter aufgegriffen.

Dabei geht es insbesondere darum, eine einmal entwickelte Fragehaltung aufzugreifen und weiterzuentwickeln. Darüber hinaus steht neben den Inhalten vor allem die Erweiterung methodischer Kompetenzen im Hinblick auf entdeckendes, eigenständiges und forschendes Lernen im Mittelpunkt. Kinder entwickeln, erproben und reflektieren Problemlösestrategien und nutzen dabei altersgemäße Formen der Dokumentation und Präsentation.

Leitidee

Ausgehend von originären Begegnungen mit der Natur und Naturvorgängen entdecken Kinder Zusammenhänge, beginnen sie zu verstehen und einzuordnen. Vielfältige Angebote regen zum Staunen, Fragen, Experimentieren und zur Suche nach Lösungen an. Die Kinder verfolgen eigene und sich ergebende Fragestellungen, finden Antworten und gewinnen dadurch Vertrauen in ihre eigenen Fähigkeiten. Dabei erweitern sie ihre individuellen Strategien, indem sie angebotene Methoden und Problemlösestrategien kennenlernen und nutzen. Sie erfahren die Bedeutung der behandelten Themen für ihre eigene Lebenswelt und übernehmen im Rahmen ihrer Möglichkeiten Verantwortung für den Umgang mit der Natur. Ihre Neugierde und Fragehaltung werden unterstützt und führen zu einer positiven Haltung gegenüber naturwissenschaftlichen und technischen Fragestellungen.

Kinder setzen sich handelnd und experimentierend mit vielfältigen Materialien, Werkzeugen und technischen Vorgängen auseinander. Sie erleben Wirkungszusammenhänge und nutzen sie zur Lösung von Problemstellungen und kreativen Tätigkeiten. Die Bedeutung technischer Errungenschaften und ihre Auswirkungen auf ihre Lebenswelt können sie einschätzen und dazu eine Haltung einnehmen.

Bildungsmöglichkeiten

Kindern wird die Möglichkeit gegeben,

- Vorgänge in der Natur zu beobachten, sie genau zu beschreiben und daraus Fragen abzuleiten,
- Fragen zu stellen und Antworten zu suchen,
- Informationen durch Beobachten, Vergleichen, Bewerten zu sammeln und einzuordnen,
- zu experimentieren (z.B. mit Feuer, Wasser oder Luft) und dabei erste Erfahrungen von Stoffeigenschaften und Stoffveränderungen zu machen,
- Verantwortung zu übernehmen, zum Beispiel bei der Haltung eines Tieres, beim Pflegen eines Stücks Natur (Baum, Gärtchen, Pflanze, Schulgarten etc.),
- eigene Konstruktionen mit Spiel- und Baumaterial zu erfinden
- ...

Leitfragen zur Unterstützung und Gestaltung von Bildungsmöglichkeiten

- Gebe ich Kindern die Gelegenheit, Hypothesen aufzustellen und eigene Ideen zu entwickeln, um sie zu überprüfen?
- Werden Möglichkeiten, zum Beispiel bei einem Spaziergang, genutzt, um sich an der Natur zu erfreuen, darüber zu staunen?
- Können Vorgänge in der Natur beobachtet werden, im Garten, im Wald, am Himmel etc.?
- Bekommen Kinder die Gelegenheit, mit Alltagsmaterialien herumzutüfteln und entwickeln sie dabei eigene Vorstellungen zur Funktion von Geräten? Wie wird mit den Vorstellungen umgegangen?
- Experimentieren sie mit Alltags- und Spielmaterialien und machen dabei eigene „Erfindungen"?
- Werden für Erklärungen von Vorgängen „Wenn-dann-Beziehungen" herangezogen (Wenn die Kerze keine Luft mehr bekommt, dann geht sie aus ...), und wie können sie überprüft werden?
- ...

Materialien/Settings als Denkanstöße

- Naturbeobachtungen (ein Gewitter, den Sternenhimmel, Sonnenaufgang, helle und dunkle Jahreszeiten, Kleintiere auf der Wiese, Wachsen von Pflanzen beobachten),
- Langzeitbeobachtungen (einen Baum ein Jahr lang beobachten, Jahreszeiten),
- Exkursionen (Recyclinghof, Wasserwerk, Kläranlage, Sonnenkollektoren an Hausdächern, Planetarium),
- Backen und Kochen (Messen, Wiegen, Mischen, Erwärmen, Erhitzen, Veränderlichkeit von Stoffen etc.),
- Mischversuche mit Alltagsgegenständen (Becher, Gläser etc.),
- Farben zum Malen selbst herstellen (aus Pflanzen, Mineralien),
- Forscherecken oder -labore einrichten, in denen Kindern ungefährliche Alltagsmaterialien zum Experimentieren jederzeit zur Verfügung stehen,
- großflächige Möglichkeiten zum Bauen und Konstruieren im Innen- und Außenbereich,
- vielseitiges Bau- und Konstruktionsmaterial, auch ohne Festlegung,
- Material (alte technische Geräte wie Fotoapparat, Kassettenrekorder, Becher, Lupen, Baukästen, Teelichter, Taschenlampen, Spiegel, Bücher, Werkzeuge etc.),
- Mitarbeit von Eltern, die beruflichen Bezug zu naturwissenschaftlichen oder technischen Themen haben
- ...

9. Ökologische Bildung

Pflanzen, Tiere und Menschen leben gemeinsam auf unserer Erde. Alle sind voneinander abhängig, brauchen sich gegenseitig, stehen in Wechselbeziehungen zueinander. Sobald sich etwas in einem Bereich verändert, wirkt sich dies auf die anderen beiden Lebensbereiche aus. Das System gerät aus seinem Gleichgewicht und pendelt sich anders wieder ein.

Im Mittelpunkt der ökologischen Bildung stehen der achtsame Umgang mit den natürlichen Ressourcen, das Erleben ökologisch intakter Lebensräume und praktische Projekte, die den Kindern den Umweltschutz nahebringen, ohne zu moralisieren. Dazu brauchen die Kinder Vorbilder von Erwachsenen.

Kinder bringen eine natürliche Neugierde, Unvoreingenommenheit, Begeisterungsfähigkeit für die Natur und Umwelt mit. Kinder wollen experimentieren. Sie wollen die Welt entdecken, erforschen, sie begreifen. Kinder suchen Antworten auf ihre Fragen, stellen Hypothesen auf, die zu überprüfen sind. Die Suche nach den Antworten, das Überprüfen der Hypothesen gestalten Kinder unterschiedlich. Jedes Kind hat seine eigene Vorgehensweise, seinen eigenen Weg.

Vom Grunde her leben Kinder in einer engen Beziehung zu ihrer Umwelt, zu den Menschen, zu der Natur und zu Dingen. In dieser Beziehung werden alle Sinne und Emotionen angesprochen und erlebt. Es wird gerochen, gehört, gesehen, gefühlt und gematscht. Ein Kind freut sich, wenn das erste Grün der gesäten Blumen zu sehen ist, und pflegt sie, damit die Blumen weiter wachsen und gedeihen können. Und es ist traurig, wenn ein starker Regenguss die kleinen Keimlinge zerstört. Tiere sind für Kinder unter anderem sehr gute Zuhörer. Kinder erzählen Tieren Erlebtes, Gedanken, die ihnen durch den Kopf gehen, die sie anderen Menschen nicht anvertrauen würden. Tiere zeigen jedoch auch Reaktionen auf die Verhaltensweisen der Kinder. Das Tier schnurrt, kratzt, bellt, kommt angelaufen, geht wieder weg. Hierbei machen Kinder auch Erfahrungen, die zeigen, dass Tiere keine Spielkameraden im menschlichen Sinne sind und die Tierwelt sich von der Welt der Menschen deutlich unterscheiden kann.

Durch das Kennenlernen und Beobachten von natürlichen Lebenszyklen in Natur und Umwelt werden die Kinder an unterschiedliche Themen und Fragestellungen herangeführt. Dazu gehören Inhalte wie Geburt, Wachsen, Sterben, Tod und Verwesen genauso wie die Frage, weshalb das Laub auf dem Waldboden verbleiben kann, aber vom Rasen im Garten entfernt wird. Auch wenn die Kinder „von Natur aus" gegenüber der Natur positiv eingestellt und aufgeschlossen sind, erleben sie mitunter auch, dass die Natur manchmal gefährlich und bedrohlich sein kann. Gewitter, Hochwasser, Erdbeben und Stürme zum Beispiel gehören zum Leben mit und in der Umwelt dazu und somit auch zur kindlichen Realität. Die Zusammenhänge sind für Kinder – je nach Alter – noch nicht bzw. nur teilweise nachvollziehbar. Wichtig ist, dass diese Aspekte der Natur den Kindern nicht vorenthalten werden, sondern dass sie altersangemessene Erklärungen zu Auswirkungen und Ursachen erhalten und sich mit anderen Menschen darüber austauschen können. Hier benötigen sie einfühlsame Hilfe durch behutsame Begleiterinnen und Begleiter.

Haben Kinder zu ihrer Umwelt eine Beziehung aufgebaut, erkennen sie Zusammenhänge und können eigene Verhaltensweisen entwickeln. Kinder lernen ihre Umwelt als unersetzlich, aber auch verletzbar kennen. Altersentsprechend können Kinder Verantwortung für sich, für ihr Handeln und den Umgang mit Natur und Umwelt übernehmen. Je früher Kinder an diese Verantwortung herangeführt werden, umso nachhaltiger werden sie diese Aufgabe auch in Zukunft übernehmen wollen.

Leitidee

Grundsätzlich lieben und bewundern Kinder die Natur und Umwelt, und das, was sie lieben, wollen Kinder auch schützen. Deshalb reagieren Kinder auf die Zerstörung von Natur und Umwelt besonders sensibel. Nicht außer Acht zu lassen ist hier, dass Kinder die Erwachsenen beobachten und sich an ihren Verhaltensweisen orientieren. Von den Erwachsenen lernen die Kinder, die Natur und Umwelt nicht nur zu schützen und zu pflegen, sondern auch verantwortungsvoll zu nutzen. Manchmal haben Kinder keine Gelegenheit, in ihrem familiären Umfeld oder in ihrem Wohnumfeld Natur zu erleben. Gerade aber diese Kinder brauchen Angebote, Naturerfahrungen machen zu können.
Kinder haben die Möglichkeit, neben Alltagserleben und -beobachtungen auch längerfristig angelegte Projekte, Experimente oder Untersuchungen durchzuführen. Hierbei benötigen sie Erwachsene, die sie über diesen Zeitraum begleiten, ermutigen und unterstützen, damit diese Untersuchungen erfolgreich abgeschlossen werden können.
Durch die Auseinandersetzung mit Natur und Umwelt erweitern Kinder ihre Kenntnisse über die Welt, stellen Zusammenhänge her und können Übertragungen ableiten. Sie haben Gelegenheit, die Gesetzmäßigkeiten und den Nutzen der Natur zu erfahren. So erleben sie sowohl deren Schönheit als auch deren Nutzen für die Menschen und ergründen, ob und wie diese in Einklang gebracht werden können.
Die ökologische Bildung steht im engen Verhältnis zu allen anderen Bildungsbereichen. Je nach Blickwinkel steht der eine oder andere Bildungsbereich mehr im Vordergrund des Projektes bzw. des Miteinander-Lebens in der Einrichtung, zum Beispiel Gesundheit bei dem Thema „Gesunde Ernährung“, Bewegung bei der Durchführung von Waldtagen, Werte bei der Fragestellung „Wie verhalte ich mich gegenüber meiner Umwelt?“, Naturwissenschaften beim Thema „Bewusster Umgang mit Energie“.

Bildungsmöglichkeiten

Kindern wird die Möglichkeit gegeben,

- Einblicke in die Zusammenhänge und gegenseitigen Abhängigkeiten der Lebensgemeinschaften der Pflanzen, Tiere und Menschen zu erhalten, diese zu erforschen, Schlussfolgerungen zu ziehen und eigene Verhaltensweisen zu entwickeln,
- den sorgsamen Umgang mit den natürlichen Ressourcen und Lebewesen einzuüben,
- zu erkennen, dass das eigene Handeln sich auf andere Menschen und die Umwelt auswirkt,
- Verantwortung für die Umwelt zu übernehmen und eigene Entscheidungen zu treffen,
- natürliche Lebenszyklen von Werden bis Vergehen kennenzulernen (Säen, Keimen/ Gebären, Wachsen, Sterben und Vergehen),
- ihre Umwelt außerhalb der Einrichtung kennenzulernen, Veränderungen mitzuerleben, mitzugestalten,
- typische Entwicklungen in der regionalen Umwelt zu erleben und Unterschiede zwischen Stadt und Land zu erfahren
- …

Leitfragen zur Unterstützung und Gestaltung von Bildungsmöglichkeiten

- Bietet das Außenspielgelände/die Umgebung genügend Anregungen, damit die Kinder einheimische Sträucher, Pflanzen und Tiere kennenlernen und beobachten können?
- Stehen ausreichend Beobachtungsmaterialien und unterschiedlche (auch digitale) Nachschlagewerke zum selbstständigen Forschen und Entdecken für die Kinder zur Verfügung?

- Gebe ich den Kindern ausreichend Zeit für ausführliche Beobachtungen und habe ich anschließend Zeit, ihnen zuzuhören, was sie beobachtet, entdeckt und erlebt haben?
- In welchen Situationen kann ich den Kindern Verantwortung für ihr Handeln übertragen?
- Können die Kinder ihren Fragen nachgehen und welche Unterstützung kann ich ihnen anbieten?
- Welche Gestaltungsmöglichkeiten biete ich den Kindern zu dem Thema an?
- Spiegeln die Dekoration und die Gestaltungselemente die Lebenserfahrungen der Kinder wider?
- Wird in der Kindertagespflege, Kindertageseinrichtung und Schule der achtsame Umgang mit den natürlichen Ressourcen gelebt?
- Wie verhalte ich mich in der Natur und Umwelt (fahre ich Bus, esse ich „Gesundes", schalte ich das Licht aus, wenn ich den Raum verlasse etc.)?
- ...

Materialien/Settings als Denkanstöße

- Naturnahes Außenspielgelände oder Garten mit einheimischen Pflanzen, Sträuchern und Bäumen, Blumenwiesen, Beeten, Wildkräuterecke, Wildwiese, Streuobstwiese, Komposthaufen, Hausbegrünung, Nistkästen, Vogeltränken, Nisthilfen für Insekten etc. und Übernahme der Pflege, zum Beispiel eines Beetes, der Wildwiese ...
- Tierhaltung und -pflege, zum Beispiel Aquarium im Innenbereich, Hühner, Kaninchen, Hasen im Außengelände,
- regelmäßige Waldtage oder -wochen, dadurch unter anderem Kennenlernen des Ökosystems Wald (Blätter, Laub, Verwesung, Humus, vielfältige Tier- und Pflanzenwelt),
- Beteiligung an Aktionen wie „Unsere Stadt/ Gemeinde soll sauberer werden" oder Begleitung von Krötenwanderungen,
- Beobachtungsmaterialien wie Lupe, Füllgläser mit Deckel, Fernglas, Pinzette, Pipetten, Mikroskop ständig zur Verfügung stellen,

- Beobachtungen in der näheren Umgebung, des Stadtteils, der Stadt/Gemeinde/des Dorfes und deren Veränderungen, Einladen von älteren Mitbürgerinnen und -bürgern, die über die Veränderung im Stadtteil erzählen, Anschauen von alten und aktuellen Fotos des Stadtteils,
- altersentsprechende Sachbücher/Nachschlagewerke, CD-Rom, DVD zu den unterschiedlichen Themen und altersgemäße Internetnutzung zur Verfügung stellen,
- bewusster Umgang mit Energie und Wasser, zum Beispiel Stoßlüften, nur so viel Heizen wie nötig, ein Tag ohne Strom, Regenwassernutzung im Außengelände,
- Kennenlernen der Abfallstoffe, Umsetzung von Mülltrennung und Müllvermeidung, zum Beispiel durch das Projekt „Wie kommt mein Tagesproviant in die Einrichtung?“,
- Anregungen geben, das eigene Konsumverhalten zu überdenken, zum Beispiel durch spielzeugfreie Tage oder Wochen, Reparatur von Alltagsgegenständen und Spielsachen,
- Durchführung von Projekten im Jahresverlauf (Säen, Wachsen und Pflegen, Ernten), bewusster Umgang mit Energie, Regenwasserversickerung, Lebensraum-Einheiten, Schutz des Bodens,
- Verwendung von regionalen und saisonalen, möglichst auch ökologisch produzierten Nahrungsmitteln,
- Mobilität: Wie komme ich in die Kindertagespflege, Kindertageseinrichtung, Schule, zu Freunden und Verwandten etc.? Welche umweltfreundlichen Transportmöglichkeiten gibt es und wie nutze ich diese?
  Welche Unterschiede gibt es im Mobilitätsverhalten von Menschen in der Stadt im Vergleich zu Menschen auf dem Land?
- Kooperation mit Partnern vor Ort, zum Beispiel Umwelt- und Naturschutzverbänden, Verbraucherschutzverbänden, Umweltstationen bzw. -zentren, Forstämtern, Energie- und Abfallberatungsstellen, Eine-Welt-Läden, Bauernhöfen etc.
- ...

10. Medien

Kinder wachsen mit den verschiedensten Medien auf und nutzen diese je nach Verfügbarkeit in ihrer Lebenswelt vielfach wie selbstverständlich. Als Medien sind hierbei sowohl die neuen Medien wie Internet, Computer, Handy etc. zu verstehen als auch die traditionellen oder herkömmlichen Medien wie Zeitungen, Fernsehen, Bilderbücher oder CDs. Sie sind eine positive Erweiterung ihrer sonstigen Erfahrungsmöglichkeiten und Teil ihrer Kinderkultur.
Viele Kinder haben zudem bereits früh Zugang zu digitalen Medien wie Spielkonsolen, Tablets oder Smartphones. Damit werden weitreichende Möglichkeiten für Information, Kommunikation, Kreativität und Teilhabe eröffnet. Chancen und Risiken gehen hierbei Hand in Hand und erfordern medienkompetente Eltern, Fach- und Lehrkräfte als Unterstützung und Vorbilder im Umgang mit den Medien.
Medienerlebnisse aufzugreifen und den Kindern hierfür Verarbeitungsmöglichkeiten anzubieten ist in Anbetracht der Vielzahl von medialen Eindrücken eine wichtige pädagogische Aufgabe. Eine Pädagogik, die sich stark an der kindlichen Lebenswelt orientiert und dementsprechend situationsorientiert arbeitet, hat die Aufgabe, sich allen Einflussfaktoren der sich ständig verändernden Lebenswelt von Kindern inhaltlich anzunehmen und Kinder bei dieser Entwicklungsaufgabe zu unterstützen. Daher kann medienpädagogische Arbeit im Sinne eines ganzheitlichen Förderansatzes als identitätsbildende Erfahrung integraler Bestandteil des Bildungskonzeptes sein.
Es gibt Bereiche des Medien- und Fernsehverständnisses, bei denen Kinder Hilfestellung und Interpretationshilfen von Erwachsenen benötigen. Solche Problembereiche sind zum Beispiel das Verständnis von Fernsehgewalt oder die Unterscheidungsfähigkeit zwischen Fernsehprogramm und Werbung. Ziel ist es, die Kinder beim Verstehen von Mediengestaltungen zu unterstützen und so aktiv die Entwicklung von Medienkompetenz (media literacy) zu fördern.
Kinder können auf vielerlei Art und Weise zum kreativen Gebrauch von Medien angeregt werden. Fast nebenbei lernen Kinder dabei die Funktionsweise und den „Produktcharakter" von Medien kennen und erfahren gleichzeitig, dass man mit Medien auch selbst produktiv sein kann.

Um die Vermittlung von Medienkompetenz im Alltag der Kindertageseinrichtungen und Schulen umfassend einzubinden, bedarf es einer systematischen Unterstützung. Die Eltern sind dabei wichtige Begleiterinnen und Begleiter.
Ziel der medienbezogenen Bildung ist darüber hinaus, Kindern ausgleichende Medienerfahrungen zu ermöglichen. Das bedeutet, ihnen Erfahrungen im Umgang und in der kritischen Reflexion von Medienformen und -inhalten und in ihrer Nutzung zu ermöglichen, die sie in ihren sozialen Kontexten nicht machen können.

Leitidee

Kinder nutzen das kommunikative Angebot der Medien, um Sichtweisen und Orientierungen zu vermitteln, mit anderen in Beziehung zu treten sowie individuelles und kollektives Handeln zu konstituieren. Hierbei gehen sie vielfältigen Bedürfnissen und Motivationslagen nach. Die Mediennutzung umfasst dabei wesentlich mehr als die Zuwendung zu Massenmedien wie Fernsehen, Musik oder Printmedien. Mit der Kommunikation, dem Spielen und Produzieren sowie der Veröffentlichung eigener Werke geht das Medienangebot als wichtiger Bestandteil in die Alltagskommunikation mit ein. Diese ermöglicht dem Kind, sich selbstbestimmte Freiräume zu suchen, sich als kompetent zu erleben und anderen mitzuteilen.

Medienpädagogische Angebote haben dabei nicht „die Medien" zum Gegenstandsbereich, sondern die Kinder, die in lernender, sozialer oder gestaltender Beziehung zu den Medien stehen. Diese Mensch-Medien-Interaktion verantwortungsvoll einzuschätzen und entwicklungsfördernd einzusetzen ist das Ziel früher Medienbildung. Das Kind soll die Gelegenheit erhalten, sich zu einer medienkompetenten Persönlichkeit zu entwickeln. Dies gelingt, wenn Fragen und Angebote zur Medienbildung kontinuierlich in den kindlichen und pädagogischen Alltag einbezogen werden.

Um der Erziehungsverantwortung in Medienfragen gerecht zu werden, gewährleisten Bildungsinstitutionen sowohl den Erwerb von Medienkompetenz als auch die Einrichtung von geschützten Freiräumen zum Erlernen des Umgangs mit Medien.

Kinder erhalten die Möglichkeit, die Erlebnisse, die sie beschäftigen, die sie emotional bewegen oder ängstigen, zu verarbeiten, indem sie darüber sprechen, fantasieren, zeichnen oder Rollenspiele machen. Dies gilt für all ihre wichtigen Lebensbereiche (Familie, Kita, Medien etc.). Auch die Verarbeitung von Medienerlebnissen ist ein wichtiger Bestandteil der (früh-)kindlichen Erfahrungsbildung, weil sich die Kinder dabei die Beziehung zwischen ihrem eigenen Erleben und dem Medienerlebnis vor Augen führen können. Durch die Verarbeitung ihrer Medienerlebnisse drücken Kinder auch ihre eigenen lebenswelt- oder entwicklungsbezogenen Themen aus. Ausgehend von den Medienerlebnissen der Kinder bieten die Fach- und Lehrkräfte spielerische Methoden der Verarbeitung an (Situationsorientierung).

Bildungsmöglichkeiten

Kindern wird die Möglichkeit gegeben,

- den Prozess der „Aneignung von Welt" unter Einbeziehung von Medien aktiv zu gestalten (kreative Gestaltung und Verwendung von Medien),
- Medien zur Darstellung eigener Ideen und Themen produktiv zu nutzen (u.a. Trickfilm, Hörspiel, Video),
- genau hinzusehen und hinzuhören (reflexive Auseinandersetzung mit Medieninhalten),
- Medienbeiträge kritisch zu hinterfragen,
- die Attraktivität von Medien als pädagogisches Werkzeug zur Wissensaneignung kennenzulernen (Nutzung von Lexikon-Software, Internetrecherche),
- Medien zu Lern- und Übungszwecken zu nutzen,
- ihren Kindertageseinrichtungs- und Schulalltag medial festzuhalten (Geschichten, Erzählungen der Kinder dokumentieren, digitale Bilder von Kindern oder deren Produkten machen) als Speicher von biografischen Erfahrungen,

- ihre vielfältigen Erfahrungen auszuwählen, zu dokumentieren, sich daran zu erinnern und darüber zu sprechen
- ...

Leitfragen zur Unterstützung und Gestaltung von Bildungsmöglichkeiten

- Wie sieht der Medienalltag der Kinder aus? Welche Medien werden von den Kindern in welchem Umfang genutzt?
- Kenne ich die aktuellen Medienhelden der Kinder? Greife ich ihre Medienerfahrung auf, auch die von Kindern mit Zuwanderungsgeschichte? Insbesondere in ihrem Leitmedium „Fernsehen"?
- Wie kann ich das Thema Medien sinnvoll in den Tages- und Wochenverlauf der Einrichtung einbinden?
- Welche Medien (traditionelle/neue) stehen den Kindern innerhalb der Einrichtung zur Verfügung?
- Wie kann ich mit den Eltern die Medienpraxis und -erfahrungen der Kinder gemeinsam reflektieren und für Bildungsprozesse nutzbar machen?
- Welche Regeln für den Umgang mit Medien stellen wir auf?
- ...

Materialien/Settings als Denkanstöße

- jegliche Arten von Medien für die medienpädagogische Arbeit zur Verfügung stellen, auch ausrangierte Geräte wie Schreibmaschinen, alte Fotoapparate, Aufnahmegeräte, Kassettenrekorder etc.,
- Bastelmöglichkeiten zum Thema Kino, Daumenkinos selbst herstellen,
- Fotos der Kinder, der Einrichtung, der Familien mitbringen, bearbeiten, ausstellen,
- Möglichkeiten der digitalen Fotografie (Aufnahme, Verfremdung, Collage etc.) nutzen,
- Räumlichkeiten mit Mediencollagen schmücken,
- „Auf der Suche nach Technikgeheimnissen": eine Reise durch ausrangierte Geräte wie Computer/Telefon veranstalten,
- Beschäftigung mit Themen wie „Meine Medienhelden"; Ansatzpunkte bilden hier häufig die bedruckten T-Shirts/Taschen der Kinder, Figuren in Computerspielen,
- Computer nutzen, PC-Kurse für Kinder, altersentsprechende Spiele und Software,
- altersgerechte und begleitete Internetnutzung, zum Beispiel gemeinsam für Kinder geeignete Seiten im Internet aufsuchen oder Kinder-Suchmaschinen nutzen,
- gemeinsam mit Eltern und Kindern einen Film drehen und verschiedene Perspektiven kennenlernen,
- Fragen und Verunsicherungen der Eltern im Rahmen von Elternabenden, Elternnachmittagen systematisch aufgreifen; Diskussionen über die Medienauswahl und familiäre Medienerziehungsgrundsätze sowie Chancen und Gefahren der Mediennutzung ermöglichen
- ...

Literatur

Ahnert, L. (2009): Von der Mutter-Kind- zur Erzieherinnen-Kind-Bindung? Die Qualität von Beziehungen in der Kita. In: TPS – Theorie und Praxis der Sozialpädagogik, Heft 3.

Albers, T./Bree, S./Jung, E. (2012): Vielfalt von Anfang an. Inklusion in Krippe und Kita. Hrsg. v. Niedersächsischen Institut für frühkindliche Bildung und Evaluation – nifbe. Freiburg: Herder.

Ämter der Landesregierungen der österreichischen Bundesländer/Magistrat der Stadt Wien/ Bundesministerium für Unterricht, Kunst und Kultur (Hrsg.) (2009): Bundesländerübergreifender BildungsRahmenPlan für elementare Bildungseinrichtungen in Österreich.

Antoni, U./Erbach, C. (2007): Dokumentation einer Zusammenarbeit zwischen Kindergarten und Grundschule. In: S. Roux (Hrsg.), Beobachten und Dokumentieren im Kindergarten. Landau: Verlag Empirische Pädagogik. In: M.R. Textor (Hrsg.), Kindergartenpädagogik – Online-Handbuch.

Arbeitsgemeinschaft für Jugendhilfe (2002): Bildung in Tageseinrichtungen für Kinder. In: M.R. Textor (Hrsg.), Kindergartenpädagogik – Online-Handbuch.

Arbeitsgruppe Jugendhilfe/Schule der Jugendministerkonferenz und der Kultusministerkonferenz (2002): Förderung von Kindern in Kindergärten und beim Übergang in die Grundschule.

Arbeitsgruppe Professionalisierung frühkindlicher Bildung (Hrsg.) (2005): Beobachtung und Dokumentation in der Praxis. Köln, Kronach: Carl Link.

Aufenanger, S./Six, U. (Hrsg.) (2001): Handbuch Medien: Medienerziehung früh beginnen. Themen, Forschungsergebnisse und Anregungen für die Medienbildung von Kindern. Bonn: Bundeszentrale für politische Bildung.

Autorengruppe Bildungsberichterstattung (Hrsg.) (2008): Bildung in Deutschland 2008. Ein indikatorengestützter Bericht mit einer Analyse zu Übergängen im Anschluss an den Sekundarbereich I. Bielefeld: Bertelsmann.

Bartnitzky, H. (2012): Fördern im Deutschunterricht. In: Individuell Fördern – Kompetenzen stärken in der Eingangsstufe (Kl. 1+2), Heft 3. Frankfurt am Main: Grundschulverband.

Bartnitzky, H./Hecker, U. (Hrsg.) (2010): Allen Kindern gerecht werden – Aufgaben und Wege. Beitrag zur Reform der Grundschule. Frankfurt am Main: Grundschulverband.

Bartnitzky, H./Brügelmann, H. u.a. (Hrsg.) (2009): Kursbuch Grundschule. Frankfurt am Main: Grundschulverband.

Bauer, M./Klamer, K./Veit, M. (2009): So gelingt der Start in die Kita! – Bindungsorientierte Eingewöhnung. In: M.R. Textor (Hrsg.), Kindergartenpädagogik – Online-Handbuch.

Baumert, J. (2001): PISA 2000 – Basiskompetenzen von Schülerinnen und Schülern im internationalen Vergleich. Opladen: Leske und Budrich.

Becker, R./Lauterbach, W. (2007): Vom Nutzen vorschulischer Erziehung und Elementarbildung: Bessere Bildungschancen für Arbeiterkinder? In: R. Becker & W. Lauterbach, Bildung als Privileg. Wiesbaden: Verlag für Sozialwissenschaften.

Becker-Stoll, F. (2008): Sicher gebunden – neugierig auf die Welt. Zum Zusammenhang von Bindung und Bildung. In: TPS – Theorie und Praxis der Sozialpädagogik, Heft 4.

Becker-Stoll, F. (2009): Sichere Bindung an die Erzieherin – Voraussetzung für gelingende Bildung. „Für die Jüngsten das Beste", Jahrestagung der Deutschen Liga für das Kind. Berlin.

Beek, A. v.d. (2006): Bildungsräume für Kinder von Null bis Drei. Weimar, Berlin: verlag das netz.

Beek, A. v.d./Buck, M./Rufenach, A. (2003): Kinderräume bilden. Vorschläge zur Umsetzung der Reggio-Pädagogik in Deutschland. Weinheim: Beltz.

Bensel, J./Haug-Schnabel, G. (2009): Sich binden – sich trennen – sich finden; der Zusammenhang von Trennungsschmerz und Bindung. In: TPS – Theorie und Praxis der Sozialpädagogik, Heft 3.

Berger, M. (1984): Es darf keinen „ersten Tag" geben. In: kindergarten heute, Heft 1.

Berger, M./Berger, L. (2007): Portfolio in Vorschule und Schule. Bremen: Eigenverlag.

Bertelsmann Stiftung (Hrsg.) (2008): Frühe Bildung beobachten und dokumentieren. Leitfaden zur Einführung der Bildungs- und Lerngeschichten in Kindertageseinrichtungen. Gütersloh: Bertelsmann Stiftung.

Bertram, H. (Hrsg.) (2008): Unicef – der UNICEF-Bericht zur Lage der Kinder in Deutschland. München: Beck.

Bien W./Rauschenbach, Th./Riedel, B. (Hrsg.) (2005): Wer betreut Deutschlands Kinder? DJI Kinderbetreuungsstudie. München: Cornelsen.

Bittlingmayer, U.H./Bauer, U. (Hrsg.) (2008): Erwerb sozialer Kompetenzen. In: T. Coelen & H.-U. Otto, Ganztagsbildung – Das Handbuch. Wiesbaden: Verlag für Sozialwissenschaften.

BKK Bundesverband/BKK Landesverband NRW (Hrsg.) (o.J.): Fit von klein auf – Gesundheitsbaustein Bewegung, Gesundheitsbaustein Ernährung, Gesundheitsbaustein Meine Haut.

Blank-Mathieu, M. (o.J.): Kinderspielformen und ihre Bedeutung für Bildungsprozesse. In: M.R. Textor (Hrsg.), Kindergartenpädagogik – Online-Handbuch (Stand: 06.03.2014).

Bohl, T./Feindt, A./Lütje-Klose, B./Trautmann, M./Wischer, B. (Hrsg.) (2014): Friedrich-Jahresheft: Fördern. Seelze: Friedrich.

Bohlen, S. (2008): Alles nur eine Frage der Werte? In: Welt des Kindes, Heft 4.

Böhme, A./Böhme, Th. (2006): Eltern als Erziehungspartner. In: klein & groß, Heft 5.

Booth, T. (2011): Wie sollen wir zusammenleben? Inklusion als wertebezogener Rahmen für die pädagogische Praxis. Frankfurt am Main: GEW.

Booth, T./Ainscow, M./Kingston, D. (Hrsg.) (2006): Index für Inklusion (Tageseinrichtungen für Kinder). Lernen, Partizipation und Spiel in der inklusiven Kindertagesbetreuung entwickeln. Frankfurt am Main: GEW.

Böttcher, W./Holtappels, H.G./Brohm, M. (Hrsg.) (2006): Evaluation im Bildungswesen: Eine Einführung in Grundlagen und Praxisbeispiele. Weinheim: Juventa.

Bourdieu, P. (1989): Die feinen Unterschiede. Frankfurt am Main: Suhrkamp.

Brandel, R./Gottwald, M./Oehme, A. (Hrsg.) (2010): Bildungsgrenzen überschreiten. Zielgruppenorientiertes Übergangsmanagement in der Region. Wiesbaden: Verlag für Sozialwissenschaften.

Bremerich-Vos, A. u.a. (Hrsg.) (2008): Bildungsstandards für die Grundschule: Deutsch konkret. Berlin: Cornelsen.

Brügelmann, H. (2000): Kinder auf dem Weg zur Schrift. Eine Fibel für Lehrer und Laien (7. Aufl.). Lengwil: Libelle.

Bundesjugendkuratorium/Sachverständigenkommission für den Elften Kinder- und Jugendbericht/Arbeitsgemeinschaft für Jugendhilfe (Hrsg.) (2002): Bildung ist mehr als Schule – Leipziger Thesen zur aktuellen bildungspolitischen Debatte.

Bundesministerin für Familie, Senioren, Frauen und Jugend (Hrsg.) (2002): 11. Kinder- und Jugendbericht der Bundesregierung – Aufwachsen in öffentlicher Verantwortung.

Bundesministerin für Familie, Senioren, Frauen und Jugend (Hrsg.) (2005): 12. Kinder- und Jugendbericht der Bundesregierung – Bericht über die Lebenssituation junger Menschen und die Leistungen der Kinder und Jugendhilfe in Deutschland.

Bundesministerin für Familie, Senioren, Frauen und Jugend (Hrsg.) (2009): 13. Kinder- und Jugendbericht der Bundesregierung – Mehr Chancen für gesundes Aufwachsen – Gesundheitsbezogene Prävention und Gesundheitsförderung in der Kinder- und Jugendhilfe.

Bund-Länder-Kommission für Bildungsplanung und Forschungsförderung (2001): Bildung für eine nachhaltige Entwicklung. Bericht der BLK an die Regierungschefs von Bund und Ländern zur Umsetzung des Orientierungsrahmens, Heft 94. Bonn: BLK.

Butterwegge, C. (2008a): Bildung – ein Wundermittel gegen die (Kinder-)Armut? – Pädagogik kann weder Familien- noch Sozialpolitik ersetzen. In: B. Herz u.a. (Hrsg.), Kinderarmut und Bildung. Armutslagen in Hamburg. Wiesbaden: Verlag für Sozialwissenschaften.

Butterwegge, C. (2008b): Kinderarmut als Problem für Schule und Jugendhilfe. In: A. Henschel u.a. (Hrsg.), Jugendhilfe und Schule. Handbuch für eine gelingende Kooperation. Wiesbaden: Verlag für Sozialwissenschaften.

Chassé, K.A./Zander, M./Rasch, K. (2007): Meine Familie ist arm. Wie Kinder im Grundschulalter Armut erleben (3. Aufl.). Wiesbaden: Verlag für Sozialwissenschaften.

Chilla, S./Rothweiler, M./Babur, E. (2013): Kindliche Mehrsprachigkeit. München: Reinhardt.

Coelen, T. (2008a): Kommunale Jugendbildung. In: T. Coelen & H.-U. Otto (Hrsg.), Grundbegriffe Ganztagsbildung – Das Handbuch. Wiesbaden: Verlag für Sozialwissenschaften.

Coelen, T. (2008b): Wirkungen von Jugendarbeit in Kooperation mit Schulen. In: T. Coelen & H.-U. Otto (Hrsg.), Grundbegriffe Ganztagsbildung – Das Handbuch. Wiesbaden: Verlag für Sozialwissenschaften.

Dahle, G. (Hrsg.) (2007): Mathematik und Naturwissenschaften. München: Olzog.

de Boer, H./Burk, K./Heinzel, F. (Hrsg.) (2007): Lehren und Lernen in jahrgangsgemischten Klassen. Frankfurt am Main: Grundschulverband.

DECET (Diversity in Early Childhood Education and Training) (2007): Orientierungen für die pädagogische Praxis. Gent.

Dehn, M. (2007): Kinder & Lesen und Schreiben. Was Erwachsene wissen sollten. Seelze: Kallmeyer und Klett.

Deinet, U. (2008): Offene Kinder- und Jugendarbeit. In: T. Coelen & H.-U. Otto (Hrsg.), Grundbegriffe Ganztagsbildung – Das Handbuch. Wiesbaden: Verlag für Sozialwissenschaften.

Deutsche Telekom Stiftung (Hrsg.) (2014): Wie gute mathematische Bildung an Grundschulen gelingt. Erkenntnisse und Erfahrungen aus PIKAS. Lünen.

Deutsche UNESCO-Kommission e.V. (Hrsg.) (2010): Zukunftsfähigkeit im Kindergarten vermitteln: Kinder stärken, nachhaltige Entwicklung befördern. Ein Diskussionsbeitrag der Deutschen UNESCO-Kommission. Bonn.

Dewey, J. (2004): Demokratie und Erziehung. Eine Einleitung in die philosophische Pädagogik. Weinheim: Beltz.

Dobrick, M. (2011): Demokratie in Kinderschuhen: Partizipation & Kitas. Göttingen: Vandenhoek und Rupprecht.

Dornes, M. (1993): Der kompetente Säugling – Die präverbale Entwicklung des Menschen. Frankfurt am Main: Fischer.

Dorrance, C. (Hrsg.) (2014): Inklusion gestalten. Aufgaben und Anforderungen an die Kita-Leitung. Kronach: Carl Link.

Eberhard von Kuenheim Stiftung/Akademie Kinder Philosophieren (Hrsg.) (2012): Wie wollen wir leben? Kinder philosophieren über Nachhaltigkeit. München: Oekom.

Eichler, W. u.a. (2011): Lernaufgaben und Fähigkeitsniveaus. In: Grundschulunterricht Deutsch.

Einsiedler, W. (2002): Empirische Forschung im Sachunterricht – ein Überblick. In: K. Spreckelsen, K. Möller & A. Hartinger (Hrsg.), Ansätze und Methoden empirischer Forschung zum Sachunterricht – Forschungen zur Didaktik des Sachunterrichts. Bad Heilbrunn: Klinkhardt.

Einsiedler, W. u.a. (Hrsg.) (2005): Handbuch Grundschulpädagogik und Grundschuldidaktik. Bad Heilbrunn: Klinkhardt.

Einsiedler, W. u.a. (Hrsg.) (2014): Handbuch Grundschulpädagogik und Grundschuldidaktik. Bad Heilbrunn: Klinkhardt.

Elschenbroich, D. (2001): Das Weltwissen der Siebenjährigen. München: Kunstmann.

Ennulat, G. (2006): So früh schon in den Kindergarten? Eltern, Kinder und Erzieher/innen im Spannungsfeld von Unsicherheit und Angst. In: TPS – Theorie und Praxis der Sozialpädagogik, Heft 7. In: M.R. Textor (Hrsg.), Kindergartenpädagogik – Online-Handbuch.

Ennulat, G. (1996): Hurra, bin ich ein Schulkind? Die schwierige Zeit der Einschulung aus der Sicht einer Grundschullehrerin. In: kindergarten heute, Heft 6. In: M.R. Textor (Hrsg.), Kindergartenpädagogik – Online-Handbuch.

Enquetekommission „Chancen für Kinder" des Landtags Nordrhein-Westfalen (2008): Chancen für Kinder. Rahmenbedingungen und Steuerungsmöglichkeiten für ein optimales Betreuungs- und Bildungsangebot in Nordrhein-Westfalen.

Esch, K./Krüger, T. (2012): Zusammenarbeit mit Eltern. Grundlagen für die kompetenzorientierte Weiterbildung. WiFF-Wegweiser Weiterbildung. München: Deutsches Jugendinstitut.

Faust, G./Götz, M./Hacker, H./Rossbach, H.-G. (Hrsg.) (2004): Anschlussfähige Bildungsprozesse im Elementar- und Primarbereich. Bad Heilbrunn: Klinkhardt.

Feilke, H. (2012): Bildungssprachliche Kompetenzen – fördern und entwickeln. In: Praxis Deutsch.

Förderverein NaturGutOphoven e.V. (Hrsg.) (2007): Ein Königreich für die Zukunft – Energie erleben durch das Kindergartenjahr! Wetzlar: NZH.

Fried, L./Büttner, G. (Hrsg.) (2004): Weltwissen von Kindern. Zum Forschungsstand über die Aneignung sozialen Wissens bei Krippen- und Kindergartenkindern. Weinheim, München: Juventa.

Fried, L./Roux, S. (Hrsg.) (2007): Pädagogik der frühen Kindheit. Weinheim: Beltz.

Friedrich, G. (2005): Bedarf die Elementarpädagogik der Schulpädagogik? In: M.R. Textor (Hrsg.), Kindergartenpädagogik – Online-Handbuch.

Fröhlich-Gildhoff, K. (2009): Bindung wagen und Exploration unterstützen. Herausforderungen in der Frühpädagogik. In: TPS – Theorie und Praxis der Sozialpädagogik, Heft 3.

Fthenakis, W.E. (Hrsg.) (2003): Elementarpädagogik nach PISA. Freiburg: Herder.

Gosen, A. v./Wettich, N. (2009): Jedes Kind hat sein eigenes Zeitmaß – zur Kleinkindpädagogik Emmi Piklers. In: kindergarten heute, Heft 5.

Greiten, S. (2014): „Fördern ist ..." Förderung aus Sicht von Sonderpädagogen und Regelschulpädagogen. In: Friedrich-Jahresheft: Fördern. Seelze: Friedrich.

Greulich, F. (2005): Der Loop: Zusammenarbeit mit Eltern im britischen Pen Green Centre. In: S. Hebenstreit-Müller & B. Kühnle (Hrsg.), Integrative Familienarbeit in Kitas. Berlin: dVb.

Griebel, W./Niesel, R. (1999): Vom Kindergarten in die Schule: Ein Übergang für die ganze Familie. In: Bildung, Erziehung, Betreuung von Kindern in Bayern, Heft 2.

Griebel, W./Niesel, R. (2005): Die Bewältigung von Übergängen zwischen Familie und Bildungseinrichtungen als Co-Konstruktion aller Beteiligten. In: M.R. Textor (Hrsg.), Kindergartenpädagogik – Online-Handbuch.

Griebel, W./Niesel, R. (2007): Der Eintritt in den Kindergarten – eine bedeutsame Transition. www.familienhandbuch.de/cms/Kindertagesbetreuung-Transition.pdf.

Griebel, W./Niesel, R. (2011): Übergänge verstehen und begleiten. Transitionen in der Bildungslaufbahn von Kindern. Berlin: Cornelsen.

Grimm, H./Weinert, S. (2002): Sprachentwicklung. In: R. Oerter & L. Montada (Hrsg.), Entwicklungspsychologie. Weinheim: Beltz.

Hagestedt, H./Krauth, I.M. (2014): Lernwerkstätten. Potenziale für Schule von morgen. Frankfurt am Main: Grundschulverband.

Hanke, P. (2003): Perspektiven der Grundschulforschung. In: H. Brügelmann & A. Panagiotopoulou (Hrsg.), Jahrbuch Grundschulforschung, Band 7: Grundschulpädagogik meets Kindheitsforschung. Opladen: Budrich.

Hanke, P. (2007): Anfangsunterricht. Leben und Lernen in der Schuleingangsphase. Weinheim, Basel: Beltz.

Hanke, P. u.a. (2013): Den Übergang gemeinsam gestalten. Kooperation und Bildungsdokumentation im Übergang von der Kindertageseinrichtung in die Grundschule. Münster: Waxmann.

Hansel, T. (Hrsg.) (2004): Frühe Bildungsprozesse und schulische Anschlussfähigkeit. Holzheim: Centaurus.

Hansen, R./Knauer, R./Sturzenhecker, B. u.a. (Hrsg.) (2006): Die Kinderstube der Demokratie. Bausteine für die Förderung von Partizipation in Kindertageseinrichtungen – ein Handbuch für die Aus- und Fortbildung pädagogischer Fachkräfte. Kiel.

Harms, G./Preissing, C. (Hrsg.) (2000): Kinderalltag. Beiträge zur Analyse der Veränderung von Kindheit. Berlin: FIPP.

Häsel-Weide, U./Nührenbörger, M. (2012): Fördern im Mathematikunterricht. In: Individuell fördern – Kompetenzen stärken in der Eingangsstufe (Kl. 1 und 2). Frankfurt am Main: Grundschulverband.

Haug-Schnabel, G. (2009a): Alltag, Bildung und Förderung in der Krippe. In: Frühe Kindheit 12, Heft 6. www.liga-kind.de/fruehe/609_haug-schnabel.php (Stand: 02.04.2014).

Haug-Schnabel, G. (2009b): Wenn unter Drei, dann aber richtig! Eine pädagogische Herausforderung mit Qualität beantworten. In: C. Bethke & S.A. Schreiner (Hrsg.), Die Jüngsten kommen. Kinder unter drei in Kindertageseinrichtungen. Berlin: verlag das netz.

Haug-Schnabel, G. (2011): Warum wir Bildungsvereinbarungen für Kinder von null bis drei Jahren brauchen. Ein Plädoyer. In: kindergarten heute, Das Leitungsheft, 4.

Haug-Schnabel, G./Bensel, J. (2006): Kinder unter 3 – Bildung, Erziehung und Betreuung von Kleinstkindern. In: kindergarten heute Spezial.

Hein, A.K. u.a. (2010): Förderung in jahrgangsübergreifenden und jahrgangsbezogenen Lerngruppen in der Schuleingangsphase. In: P. Hanke (Hrsg.), Anspruchsvolles Fördern in der Grundschule. Münster: ZFL.

Helsper, W./Hummrich, M. (2008): Familien. In: T. Coelen & H.-U. Otto (Hrsg.), Grundbegriffe Ganztagsbildung – Das Handbuch. Wiesbaden: Verlag für Sozialwissenschaften.

Hense, M./Buschmeier, G. (2002): Kindergarten und Grundschule Hand in Hand. Chancen, Aufgaben und Praxisbeispiele. München: Don Bosco.

Himmelmann, G. (2005): Demokratie Lernen. Schwalbach: Wochenschau-Verlag.

Hohaus, A./Meißner-Trautwein, A./Rintelmann, Y. (2007): Beobachtung und Professionalität in der täglichen Praxis in Kindertageseinrichtungen und professionelles Handeln der ErzieherInnen in den Bildungsplänen für elementare Bildung in Deutschland. Institut bildung: elementar (Stand: 20.03.2019).

Höhne, S. (2008): Kindergarten und Schule – nur Hand in Hand erfolgreich. Wie kann man Kooperationen erfolgreich durchführen? In: M.R. Textor (Hrsg.), Kindergartenpädagogik – Online-Handbuch.

Huber, St. G. (Hrsg.) (2014): Jahrbuch Schulleitung 2014. Befunde und Impulse zu den Handlungsfeldern des Schulmanagements. Schwerpunkt: Inklusion – Umgang mit Vielfalt. Köln: Carl Link.

Hunger, I./Zimmer, R. (Hrsg.) (2007): Bewegung – Bildung – Gesundheit. Entwicklung fördern von Anfang an. Schorndorf: Hoffmann.

Hurrelmann, B./Becker, S. (Hrsg.) (2003): Kindermedien nutzen. Medienkompetenz als Herausforderung für Erziehung und Unterricht. Weinheim: Juventa.

Institut für soziale Arbeit e.V. (2012): Mehr Chancen durch Bildung von Anfang an. Erprobung der Grundsätze zur Bildungsförderung, Erfahrungen aus der Praxis. Münster.

Iwers-Stelljes, T.A. (2004): Schulbeginn: Entwicklung, Herausforderungen und Unterstützung. In: M.R Textor(Hrsg.),Kindergartenpädagogik–Online-Handbuch.

Jampert, K./Zehnbauer, A./Leuckefeld, K./Best, P. (2006): Sprachliche Förderung in der Kita. Wie viel Sprache steckt in Musik, Bewegung, Naturwissenschaften und Medien? Berlin: verlag das netz.

Jaszus, R./Büchin-Wilhelm, I./Mäder-Berg, M./Gutmann, W. (2008): Sozialpädagogische Lernfelder für Erzieherinnen. Stuttgart: Holland und Josenhans.

Kerl-Wienecke, A./Schoyerer, G./Schuhegger, L. (2013): Kompetenzprofil Kindertagespflege in den ersten drei Lebensjahren. Deutsches Jugendinstitut. Berlin: Cornelsen.

Kessl, F./Kutscher, N./Otto, H.-U./Ziegler, H. (2004): Bildungsprozesse im sozialen Kontext unter dem Aspekt der Bedeutung des Sozialraums für das Aufwachsen von Kindern und Jugendlichen. Expertise für den Achten Kinder- und Jugendbericht der Landesregierung NRW. Ministerium für Schule, Jugend und Kinder des Landes Nordrhein-Westfalen.

Klemm, K. (2011): Gemeinsam lernen. Inklusion leben. Status quo und Herausforderungen inklusiver Bildung in Deutschland. Studie im Auftrag der Bertelsmann-Stiftung. www.bertelsmann-stiftung.de/bst/de/media/xcms_bst_dms_32811_32812_2.pdf (Stand: 25.11.2013).

Klippert, H. (2012a): Teamentwicklung im Klassenraum. Übungsbausteine für den Unterricht. Weinheim: Beltz.

Klippert, H. (2012b): Kommunikationstraining. Übungsbausteine für den Unterricht. Weinheim: Beltz.

Klippert, H./Müller, F. (2014): Methodenlernen in der Grundschule. Bausteine für den Unterricht. Weinheim: Beltz.

KMK und JFMK (2004): Gemeinsamer Rahmen der Länder für die frühe Bildung in Kindertageseinrichtungen. Beschluss der Jugendministerkonferenz und Beschluss der Kultusministerkonferenz.

KMK und JFMK (2009): Den Übergang von der Tageseinrichtung für Kinder in die Grundschule sinnvoll und wirksam gestalten – Das Zusammenwirken von Elementarbereich und Primarstufe optimieren. Beschluss der Jugend- und Familienministerkonferenz und Beschluss der Kultusministerkonferenz.

Knauf, T. (2003): Zusammenarbeit Kindergarten – Grundschule: Notwendigkeit, Probleme, Perspektiven. In: M.R. Textor (Hrsg.), Kindergartenpädagogik – Online-Handbuch.

Knauf, T./Schubert, E. (2005): Der Übergang vom Kindergarten in die Grundschule. Grundlagen, Lösungsansätze und Strategien für eine systemische Neustrukturierung des Schulanfangs. In: M.R. Textor (Hrsg.), Kindergartenpädagogik – Online-Handbuch.

Konsortium Bildungsberichterstattung (Hrsg.) (2006): Bildung in Deutschland – Ein indikatorengestützter Bericht mit einer Analyse zu Bildung und Migration.

Krabel, J./Cremers, M. (Hrsg.) (2008): Gender Loops: Praxisbuch für eine geschlechterbewusste und -gerechte Kindertageseinrichtung. Berlin: Dissens e.V

Krappmann, L. (2005): Kein Kind ist allein – Kinder in der KiTa. In: S. Hebenstreit-Müller & B. Kühnle (Hrsg.), Integrative Familienarbeit in Kitas. Berlin: Dohrmann.

Krenz, A. (2005): Was Kinder brauchen: Aktive Entwicklungsbegleitung im Kindergarten. Berlin: Cornelsen.

Krenz, A. (2008): Der „Situationsorientierte Ansatz" in der Kita –Grundlagen und Praxishilfen zur kindorientierten Arbeit. Troisdorf: Bildungsverlag EINS.

Kreyenfeld, M./Spieß, C.K./Wagner G.G. (2001): Finanzierungs- und Organisationsmodelle institutioneller Kinderbetreuung. Neuwied: Luchterhand.

Krüger, H.-H./Grunert, K. (2008): Peergroups. In: T. Coelen & H.-U. Otto (Hrsg.), Grundbegriffe Ganztagsbildung – Das Handbuch. Wiesbaden: Verlag für Sozialwissenschaften.

Krüger, R./Mähler, C. (2014): Gemeinsames Lernen in inklusiven Klassenzimmern. Prozesse der Schulentwicklung gestalten. Köln: Carl Link.

Kucharz, D. u.a. (Hrsg.) (2011): Grundlegende Bildung ohne Brüche. Wiesbaden: Verlag für Sozialwissenschaften.

Kunert-Zier, M. (2005): Erziehung der Geschlechter. Entwicklungen, Konzepte und Genderkompetenz in sozialpädagogischen Feldern. Wiesbaden: Verlag für Sozialwissenschaften.

Laewen, H.-J./Andres B. (2002): Bildung und Erziehung in der frühen Kindheit. Bausteine zum Bildungsauftrag in Kindertageseinrichtungen. Weinheim, Berlin, Basel: Beltz.

Leu, H.R./Flämig, K./Frankenstein, Y./Koch, S./Pack, I./Schneider, K./Schweiger, M. (2007): Bildungs- und Lerngeschichten. Bildungsprozesse in früher Kindheit beobachten, dokumentieren und unterstützen. Weimar, Berlin: verlag das netz.

Liebers, K./Prengel, A./Bieber, G. (Hrsg.) (2008): Die flexible Schuleingangsphase. Evaluationen zur Neugestaltung des Anfangsunterrichts. Weinheim, Basel: Beltz.

Liegle, L. (2006a): Soll der Kindergarten die Kinder auf das Lernen in der Schule vorbereiten? In: GEW/Friedrich-Ebert-Stiftung (Hrsg.), Droht der Kindergarten zu verschulen?

Liegle, L. (2006b): Bildung und Erziehung in früher Kindheit. Stuttgart: Kohlhammer.

Liegle, L. (2007): Pädagogische Konzepte und Bildungspläne – wie stehen sie zueinander? In: kindergarten heute, Heft 1.

Lück, G. (2012): Handbuch der naturwissenschaftlichen Bildung. Theorie und Praxis für die Arbeit in Kindertageseinrichtungen. Freiburg: Herder.

Marx, A./Huhmann, T. (2014): Einspluseins-Lernen – Kinder auf dem Weg vom Zählen zum Rechnen – Was Erwachsene wissen sollten! In: Deutsche Telekom Stiftung, Schmitt, A./Mey, G./Schwentesius, A./Vock, R. (Hrsg.), Mathematik und Naturwissenschaften anschlussfähig gestalten: Konzepte, Erfahrungen und Herausforderungen der Kooperation von Kita und Grundschule. Köln: Carl Link.

Mattenklott, G./Rora, C. (Hrsg.) (2004): Ästhetische Erfahrung in der Kindheit. Theoretische Grundlagen und empirische Forschung. Beiträge zur pädagogischen Grundlagenforschung. Weinheim: Juventa.

Maywald, J. (2014): Recht haben und Recht bekommen – der Kinderrechtsansatz in Kindertageseinrichtungen. www.kita-fachtexte.de/uploads/media/KiTaFT_maywald_II_2014_1_.pdf (Stand: 15.10.2014).

Maywald, J./Schön, B. (Hrsg.) (2008): Krippen – Wie frühe Betreuung gelingt. Fundierter Rat zu einem umstrittenen Thema. Weinheim, Basel: Beltz.

Meder, N. (2006): Ethos und Habitus als Medien von Bildungsprozessen. In: A. Dörpinghaus & K. Helmer (Hrsg.), Ethos, Bildung, Argumentation. Würzburg: Königshausen und Neumann.

Meder, N. (2008): Bildung und virtuelle Welten – Cyberbildung. In: F. von Gross, W. Marotzki & U. Sander (Hrsg.), Internet – Bildung – Gemeinschaft. Wiesbaden: Verlag für Sozialwissenschaften.

Militzer, R./Fuchs, R./Demandewitz, H./Houf, M. (2002): Der Vielfalt Raum geben. Interkulturelle Erziehung in Tageseinrichtungen für Kinder. Münster: Votum.

Ministerium für Arbeit, Gesundheit und Soziales des Landes Nordrhein-Westfalen (2009): Armuts- und Reichtumsbericht 2008 der Landesregierung – Lebenslagen in Deutschland. Köln: Bundesanzeiger Verlag.

Ministerium für Bildung und Frauen des Landes Schleswig-Holstein (Hrsg.) (2008): Erfolgreich starten. Handreichung für Körper, Gesundheit und Bewegung in Kindertageseinrichtungen. Kiel: Comlog.

Ministerium für Generationen, Familie, Frauen und Integration des Landes Nordrhein-Westfalen (2009): Runder Tisch „Hilfe für Kinder in Not" (Mehr Teilhabe und Chancengerechtigkeit für alle Kinder in Nordrhein-Westfalen).

Ministerium für Schule und Weiterbildung des Landes Nordrhein-Westfalen (Hrsg.) (2008a): Richtlinien und Lehrpläne für die Grundschule, Sammelband. Frechen: Ritterbach.

Ministerium für Schule und Weiterbildung des Landes Nordrhein-Westfalen (Hrsg.) (2008b): Kompetenzorientierung. Frechen: Ritterbach.

Ministerium für Schule und Weiterbildung des Landes Nordrhein-Westfalen (Hrsg.) (2014a): Schule NRW. Sonderheft Inklusion. Düsseldorf: MSW.

Ministerium für Schule und Weiterbildung des Landes Nordrhein-Westfalen (Hrsg.) (2014b): Inklusion. Das Recht anders zu sein. Flyer. Düsseldorf: MSW.

Mühler, G./Spieß, C.K. (2008): Informelle Förderangebote – Eine empirische Analyse ihrer Nutzung in der frühen Kindheit. In: Zeitschrift für Erziehungswissenschaft, Sonderheft 11/08.

Nationalkomitee der UN-Dekade „Bildung für nachhaltige Entwicklung" im Auftrag von Deutsche UNESCO-Kommission e.V. (Hrsg.) (2011): UN-Dekade „Bildung für nachhaltige Entwicklung" 2005 bis 2014 – Nationaler Aktionsplan für Deutschland.

Niedersächsisches Kultusministerium (2012): Die Arbeit mit Kindern unter drei Jahren. Handlungsempfehlungen zum Orientierungsplan für Bildung und Erziehung im Elementarbereich niedersächsischer Tageseinrichtungen für Kinder.

Nieke, W. (2008): Kompetenzen. In: T. Coelen & H.-U. Otto (Hrsg.), Grundbegriffe Ganztagsbildung – Das Handbuch. Wiesbaden: Verlag für Sozialwissenschaften.

Niesel, R./Griebel, W. (1998): Der Übergang von der Familie in den Kindergarten – Unterstützung von Kindern und Eltern. In: Bildung, Erziehung, Betreuung von Kindern in Bayern, Heft 2. In: M.R. Textor (Hrsg.), Kindergartenpädagogik – Online-Handbuch.

Oehlmann, S./Manning-Chlechowitz, Y./Sitter, M. (Hrsg.) (2011): Frühpädagogische Übergangsforschung. Von der Kindertageseinrichtung in die Grundschule. Weinheim, München: Juventa.

Otto, H.-U./Rauschenbach, Th. (2004): Die andere Seite der Bildung. Wiesbaden: Verlag für Sozialwissenschaften.

Pestalozzi-Fröbel-Verband Berlin (Hrsg.) (2004): Frühe Bildung und das System der Kindertagesbetreuung in Deutschland. Weimar, Berlin: verlag das netz.

Peter-Führe, S. (2006): Rhythmik für alle Sinne. Ein Weg musisch-ästhetischer Erziehung. Freiburg: Herder.

Petermann, F./Wiedebusch, S. (2003): Emotionale Kompetenz bei Kindern. Gefühle erkennen. Göttingen: Hogrefe.

Peters, S./Widmer-Rockstroh, U. (2014): Gemeinsam unterwegs zur inklusiven Schule. Beiträge zur Reform der Grundschule. Weinheim: Beltz.

Piaget, J. (1994): Das Weltbild des Kindes. München: Klett-Cotta/dtv.

Prengel, A. (2010): Inklusion in der Frühpädagogik. Bildungstheoretische, empirische und pädagogische Grundlagen. München: Deutsches Jugendinstitut.

Prokop, E. (2009): Die Fähigkeiten und Kräfte des Kindes nutzen. Übergänge bewältigen und individuell begleiten. In: TPS – Theorie und Praxis der Sozialpädagogik, Heft 3.

Regel, G./Ahrens, S. (2016): Arbeit im offenen Kindergarten. Freiburg: Herder.

Reich, K. (2012): Inklusion und Bildungsgerechtigkeit. Standards und Regeln zur Umsetzung einer inklusiven Schule. Weinheim: Beltz.

Reich, K. (2014): Inklusive Didaktik. Bausteine für eine inklusive Schule. Weinheim: Beltz.

Rohnke, H.J. (2008): Erziehungs- und Bildungspartnerschaft mit Eltern – Perspektivwechsel und Kenntnisse der gegenseitigen Erwartungen als Prämissen einer gelungenen Zusammenarbeit. In: M.R. Textor (Hrsg.), Kindergartenpädagogik – Online-Handbuch.

Rossbach, H.-G./Blossfeld, H.-P. (Hrsg.) (2008): Frühpädagogische Förderung in Institutionen. In: Zeitschrift für Erziehungswissenschaft, Sonderheft 11/2008.

Rossbach, H.-G./Weinert, S. (2008): Bildungsforschung Band 24. Kindliche Kompetenzen im Elementarbereich: Förderbarkeit, Bedeutung und Messung. Bonn/Berlin.

Rothweiler, M./Ruberg, T. (2011): Der Erwerb des Deutschen bei Kindern mit nichtdeutscher Erstsprache. München: Deutsches Jugendinstitut.

Roux, S. (2004): Von der Familie in den Kindergarten. Zur Theorie und Praxis eines frühpädagogischen Übergangs. In: L. Denner & E. Schumacher (Hrsg.), Übergänge im Elementar- und Primarbereich reflektieren und gestalten. Bad Heilbrunn: Klinkhardt.

Sasse, A./Valtin, R. (Hrsg.) (2006): Schriftspracherwerb und soziale Ungleichheit. Zwischen kompensatorischer Erziehung und Family Literacy. Beiträge 4 der Deutschen Gesellschaft für Lesen und Schreiben. Berlin.

Schäfer, G.E. (Hrsg.) (2003): Bildung beginnt mit der Geburt. Förderung von Bildungsprozessen in den ersten sechs Lebensjahren. Weinheim, Basel, Berlin: Beltz.

Schäfer, G.E. (2004): Auf Augenhöhe mit dem Kind? Die Bildungsvereinbarung NRW –Fragen und Antworten. In: klein & groß, Heft 4.

Schäfer, G.E./Alemzadeh, M. (2012): Wahrnehmendes Beobachten am Beispiel der „Lernwerkstatt Natur". Berlin, Weimar: verlag das netz.

Schmude, C./Pioch, D. (2014): Schlüssel zu guter Bildung, Erziehung und Betreuung – Kita inklusiv! Inklusive Kindertagesbetreuung – Bundesweite Standortbestimmung und weitergehende Handlungsnotwendigkeiten. Forschungsbericht hrsg. v. Der Paritätische Gesamtverband, Diakonie, GEW.

Schneider, C. (2009): Es gibt auch ein Explorieren in Bezug auf Kommunikation. Bildungsbegleitung setzt Beziehung und Dialog voraus. In: TPS – Theorie und Praxis der Sozialpädagogik, Heft 3.

Schröer, W./Stauber, B. u.a. (Hrsg.) (2013): Handbuch Übergänge. Weinheim und Basel: Beltz/Juventa.

Schubert, S./Salewski, Y./Späth, E./Steinberg. A. (Hrsg.) (2012): Nachhaltigkeit entdecken, verstehen, gestalten – Kindergärten als Bildungsorte nachhaltiger Entwicklung, Band 1 der Handbuchreihe „Hier spielt die Zukunft". Weimar, Berlin: verlag das netz.

Siegler, R./DeLoache, J./Eisenberg, N. (2005): Entwicklungspsychologie im Kindes- und Jugendalter. Kapitel: Emotionale Entwicklung. München: Spektrum.

Sit, M. (2008): Leitfaden Resilienz. www.gesundheitsfoerderung.bildung-rp.de/fileadmin/user_upload/gesundheitsfoerderung.bildung-rp.de/Psychische_Gesundheit/Leitfaden_Resilienz.pdf (Stand: 14.03.2014).

Sodian, B./Koerber, S./Thoermer, C. (2004): Naturwissenschaftliches Denken im Vorschulalter. In: T. Hansel (Hrsg.), Frühe Bildungsprozesse und schulische Anschlussfähigkeit. Holzheim: Centaurus.

Spiegel, H./Selter, C. (2004): Kinder & Mathematik. Was Erwachsene wissen sollten. Seelze-Velber: Kallmeyer.

Spitta, G. (2010): Freies Schreiben – eigene Wege gehen. Lengwil: Libelle.

Staatsministerium für Kultus Freistaat Sachsen (2013): Kindertagespflege. Qualitätskriterien für die Kindertagespflege im Freistaat Sachsen.

Stähling, R. (2011): Du gehörst zu uns. Inklusive Grundschule. Ein Praxisbuch für den Umbau der Schule. Hohengehren: Schneider.

Stephan, C./Brouwer, M. (2009): Gesellschaftliche Rahmenbedingungen für Gesundheitserziehung. In: KiTa aktuell, Fachzeitschrift für die Leitungen von Kindertageseinrichtungen, Heft 3.

Stoltenberg, U. (2008): Bildungspläne im Elementarbereich – ein Beitrag zur Bildung für eine nachhaltige Entwicklung? Eine Untersuchung im Auftrag der AG Elementarpädagogik des Deutschen Nationalkomitees für die UN-Dekade „Bildung für nachhaltige Entwicklung“. Deutsche Unesco-Komission.

Strätz, R./Damen, S./Betz, K. (2013): Wie Kinder lernen – Praxisleitfaden zur Persönlichkeitsentwicklung in der frühen Kindheit (2. Aufl.). Köln, Kronach: Carl Link.

Strätz, R./Solbach, R./Holst-Solbach, F. (2007): Bildungshäuser für Kinder von drei bis zehn Jahren. Expertise. Berlin.

Sulzer, A./Wagner, P. (2011): Inklusion in Kindertageseinrichtungen – Qualifikationsanforderungen an die Fachkräfte. WiFF-Expertise 15. München: Deutsches Jugendinstitut.

Textor, M.R. (2005): Gesundheitserziehung. In: kindergarten heute, Heft 2.

Textor, M.R. (Hrsg.) (2006): Erziehungs- und Bildungspartnerschaft mit Eltern. Gemeinsam Verantwortung übernehmen. Freiburg, Basel, Wien: Herder.

Textor, M.R. (2007): Die Erzieherin-Kind-Beziehung aus Sicht der Forschung. In: M.R. Textor (Hrsg.), Kindergartenpädagogik – Online-Handbuch.

Textor, M.R. (2009): Der Übergang vom Kindergarten in die Grundschule: Eine Herausforderung für das Kind und seine Eltern In: M.R. Textor (Hrsg.), Kindergartenpädagogik – Online-Handbuch.

Thimm, K. (2008): Personelle Kooperation und Fortbildung. In: T. Coelen & H.-U. Otto (Hrsg.), Grundbegriffe Ganztagsbildung – Das Handbuch. Wiesbaden: Verlag für Sozialwissenschaften.

Thoms, E.-M. (Hrsg.) (2013): Alle Mittendrin! Inklusion in der Grundschule. Mülheim: Verlag an der Ruhr.

Tietze, W./Rossbach,H.-G./Grenner, K. (2005): Kinder von 4 bis 8 Jahren. Weinheim: Beltz.

Tietze, W./Viernickel, S. (Hrsg.) (2007): Pädagogische Qualität in Tageseinrichtungen für Kinder Ein nationaler Kriterienkatalog. Weinheim, Basel, Berlin: Beltz.

UN-Kinderrechtskonvention (2008): Convention on the Rights of Persons with Disabilities (UN-Konvention, in der Fassung von: Bundesgesetzblatt Jahrgang 2008 Teil II Nr. 35, ausgegeben zu Bonn am 31. Dezember 2008).

VBJK (Expertisecentrum Opvoeding en Kinderopvang) (2006): Elternbeteiligung. Auch für Väter! Ein Instrument, um die Beteiligung von Vätern in Kindertagesstätten zu fördern und zu stärken. Gent.

Viernickel, S./Völkel, P. (2009): Beobachten und Dokumentieren im pädagogischen Alltag. Freiburg, Basel, Wien: Herder.

Vygotski, L. (2002): Denken und Sprechen. Weinheim: Beltz.

Wagner, P. (2013): Handbuch Inklusion – Grundlagen vorurteilsbewusster Bildung und Erziehung. Freiburg: Herder.

Welthaus Bielefeld (Hrsg.) (2010): KiTa-Global – Praxisbuch für das Globale Lernen im Kindergarten und in der ersten Schulzeit. Bielefeld.

Whitehead, M.R. (2007): Sprache und Literacy von 0 bis 8 Jahren. In: W.E. Fthenakis & P. Oberhuemer (Hrsg.), Grundlagen frühkindliche Bildung. Troisdorf: Bildungsverlag EINS.

Wilhelm, M. u.a. (Hrsg.) (2006): Inklusive Schulentwicklung. Planungs- und Arbeitshilfen zur neuen Schulkultur. Weinheim: Beltz.

Wittmann, E. (2006): Mathematische Bildung. In: L. Fried & S. Roux (Hrsg.), Pädagogik der frühen Kindheit. Weinheim: Beltz.

Wocken, H. (2011): Das Haus der inklusiven Schule. Baustellen – Baupläne – Bausteine. Hamburg: Feldhaus.

Wüst, J./Wüst, R. (1996): Arbeiten mit Kunst in Kindergarten und Grundschule. Stuttgart: Calver.

Zander, M. (Hrsg.) (2005): Kinderarmut – Einführendes Handbuch für Forschung und soziale Praxis. Wiesbaden: Verlag für Sozialwissenschaften.

Zimmer, R. (2004): Toben macht schlau. Bewegung statt Verkopfung. Freiburg, Basel, Wien: Herder. heitlichen Erziehung. Freiburg: Herder.

Zimmer, R. (2009): Kinder unter drei – selbstbewusst und kompetent. Freiburg: Herder.

Zimmer, R. (2012): Handbuch der Sinneswahrnehmung. Grundlagen einer ganzheitlichen Erziehung. Freiburg: Herder.

Zimmer, R. (2014): Handbuch Bewegungserziehung. Grundlagen für Ausbildung und pädagogische Praxis. Freiburg: Herder.

Zimmer, R. (2016): Handbuch Sprache und Bewegung. Freiburg: Herder.

Zipperle, M./Bolay, E. (2014): Unterstützen und stärken. Förderung aus sozialpädagogischer Sicht. In: Friedrich-Jahresheft: Fördern. Seelze: Friedrich.